중국집

피아노 조율사의 중식 노포 탐방기

중국집

피아노 조율사의 중식 노포 탐방기

조영권 지음　이준희 그림

CA BOOKS

차림표

진미	짬뽕1번지	동해루	동신원	육교반점
물짜장	해물짬뽕	볶음밥	간짜장	잡채밥
6	14	20	24	29

진영관	삼거리반점	백리향	중화방	대보장
고추짬뽕 탕수육	볶음밥 군만두	짜장면	깐풍꽃게	간짜장
36	40	45	54	62

양자강	쌍흥원	인발루	송학반장	태풍루 영순각
군만두 볶음밥	짬뽕	간짜장	왕만두	청양짜장면 볶음밥
66	72	77	86	91

신성루	다리원	매실옥	황허장	일월식당
자춘결	유슬짜장면	해물덮밥	짬뽕	수타 짜장면
96	102	107	112	116

물짜장

전라북도 전주

진미

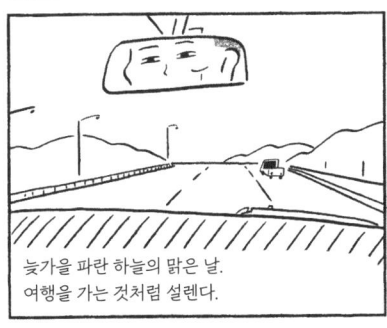

진미

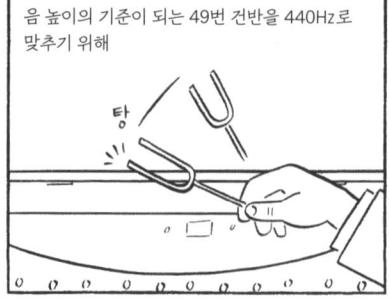

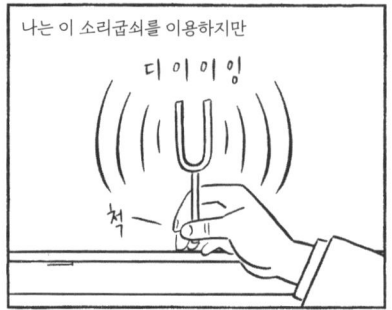

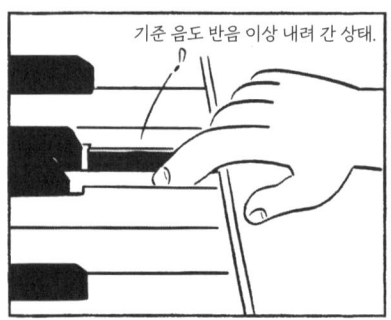

전라북도 전주

익산이나 군산 등 전북 지역에서 흔히 볼 수 있는 물짜장은 전주의 화교 2세대가 개발했다고 한다. 그중에서도 진미가 처음이라 하니 원조인 셈. 빨간색 간판에 검정 글씨로 진미라고 한자로 쓰여 있으며 화상華商이라는 글자가 반가웠다. 간판 위로는 흰 타일 벽이고, 아래로는 초록색 기와지붕을 만들어놓았다. 한옥이 유명한 전주라서 그런가. 가만 보고 있으면 재미있는 풍경이다. 유리로 된 출입문을 열고 진미로 들어간다.

애매한 오후 시간이라서 혼자 식사하는 손님이 두 분 있었고, 물짜장을 주문하니 김치와 단무지, 양파가 찬으로 나왔다. 오랜만에 대하는 물짜장. 100년 전 짜장면이 처음 생겼을 때는 춘장이 아닌 황장을 사용했으니 지금보다 달거나 짜지 않았을 테다. 이 물짜장이 인천 공화춘에서 처음 만든 짜장면과 비슷할 것 같다는 생각이 들었다. 무거운 면기에 가득 담겨 나온 물짜장은 걸쭉한 전분과 굴 소스를 넣어 마치 울면과 비슷하고, 새송이버섯과 해물이 무척 많이 올려져 있다. 까만 춘장이 아니어서 내용물이 훤히 들여다보인다. 바지락살과 오징어, 알 새우 등 해산물 아래로 면발도 충분하고, 자극적이지 않은 맛의 짜장면이다.

면발을 들어 올리는 순간 묵직함이 느껴졌다. 탄력이 어느 정도 유지되고 있었는데, 나는 부드러운 면을 좋아하지만, 불어버리면 전분 때문에 떡처럼 엉겨 붙을 테니 쫄깃한 면이 어울릴 듯하다. 잘 비벼서 조갯살을 몇 개 집어먹었는데, 그 양이 줄어들지 않는 듯했고, 굴 소스의 짭조름한 맛이 과하지 않아 면을 흡입하는 속도가 빨라졌다. '흡입'이라고 표현한 것은 면과 걸쭉한 국물을 자연스럽게 함께 먹게 되기 때문이다. 또, 식으면 해물의 비릿함이 올라올 수 있고, 전분 때문에 국물이 더 질퍽해지니 소화에 좋을 리 없다. 가능한 한 빨리 먹는 게 좋지만, 매우 뜨거우니 조심해야 한다. 아, 반주 생각나네. 그러나 운전을 해야 하니 절대로 안 될 일. 물짜장 한 그릇을 비우는 데 오래 걸리지 않았고, 간신히 사진으로 몇 장 담아왔다.

진미

맛있게 먹었노라고 사장님께 인사를 건네고, 한옥마을 부근의 동포만두를 찾아갔는데, 아쉽게도 폐업하고, 다른 업종으로 바뀌는 듯 내부 공사가 한창이었다. 인근의 백일홍에서 만두를 사려고 하니 품절, 간신히 찐빵만 만 원어치 샀다. 야밤의 만두 파티는 무산되었으나 유난히 찐빵을 좋아하는 아내에게 칭찬 들을 걸 생각하니 인천으로 가는 길이 그리 멀지 않다.

전분을 풀어 걸쭉한 진미 울채장.

전라북도 전주

짬뽕1번지

집에서 차로 15분 거리에 있는 인천의 어느 백화점이 내 일터다.
나는 여기서 피아노 매장을 운영한다. 많은 고객과 만나는 장소이기도
하다. 피아노 조율사는 피아노 매장을 운영하는 경우가 많다.
조율 수입보다 피아노 판매 수입의 비중이 크니 등한시할 수 없는
노릇이다. 디지털 피아노의 보급이 활발한 요즘은 더욱 그렇다.

요즘 현실은 프리랜서 조율사를 양성하기 어려운 점이 많다. 전자 악기를
선호하는 시대이고, 나조차도 디지털 피아노를 주로 팔고 있으니까.
후배 조율사의 수는 점점 줄어든다. 안타까운 일이다. 당연하게도,
디지털 악기에는 조율사가 필요 없다. 그렇다고 26년 걸어온 이 길을

후회한 적은 단 한 번도 없다. 전업을 생각해본 적도 없다. 물론 처음 조율 일을 시작했을 때만큼 보람을 느끼지는 못하지만. 처음에는 잘못된 음계를 바로잡고, 정상적으로 작동하지 않는 것을 고친다는 점에 큰 자부심을 느꼈다. 지금도 소소하게나마 기쁨을 느낀다.

영업시간 전 피아노와 악기들을 점검하며 청소를 하는 것이 언제나 첫 번째로 하는 일. 그리고 커피 한 잔 마시며 당일 스케줄을 확인하는 일은 아주 오래된 습관이고, 일상의 시작이다. 오늘은 강릉 어느 호텔의 그랜드 피아노를 조율하러 간다. 매장을 대신 봐주시는 여사님이 출근하셨고, 나는 떠날 채비를 했다. 며칠 전부터 찾아온 감기 때문에 운전을 하지 않기로 결정. 어차피 장거리 운전을 좋아하지 않으며 강릉에서의 업무는 단 한 곳. 멀고, 단 한 곳이어도 의뢰가 오면 간다. 생활을 위한 습관. 취미를 위한 것이기도 하겠지. 이런 생활은 고단하다면 고단한 거고, 즐겁다면 즐거운 일. 늘 좋게 생각하려고 한다. 공구 가방을 챙겨 들고, 강릉행 버스에 올랐다.

2시간 반쯤 버스를 타고 대관령을 넘어 도착한 강릉. 택시로 갈아탄 뒤 얼마 전 재단장했다는 호텔로 향했고, 로비에서 검은색 그랜드 피아노를 만났다. 당분간 호텔 행사가 많은 듯 여기저기 어수선한 모습 속에 피아노만 고요해 보였다. 정성스럽게 조율에 집중해 작업을 모두 마치고 나니 어느덧 오후 2시.

짬뽕1번지

강원도 강릉시 송정동.

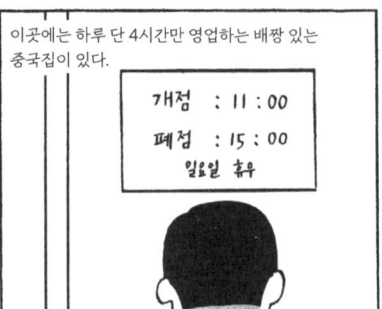

이곳에는 하루 단 4시간만 영업하는 배짱 있는 중국집이 있다.

개점 : 11:00
폐점 : 15:00
일요일 휴무

이거 아슬아슬한데.

아직 영업하나요?

예~ 들어오세요.

기사님, 얼마나 더 걸릴까요?

거의 다 왔어요.

휴, 살았다.

강원도 강릉

강원도 강릉

식사를 마치고 인근 안목 바다에 있는 카페를 찾았다.

2층에 자리를 잡고 진한 커피 향과 함께 한참 동안 동해를 바라보았다.

에취!

4년 전 이곳에 왔을 땐 딸들과 함께였다.

아직 안 나왔네.

짬뽕1번지

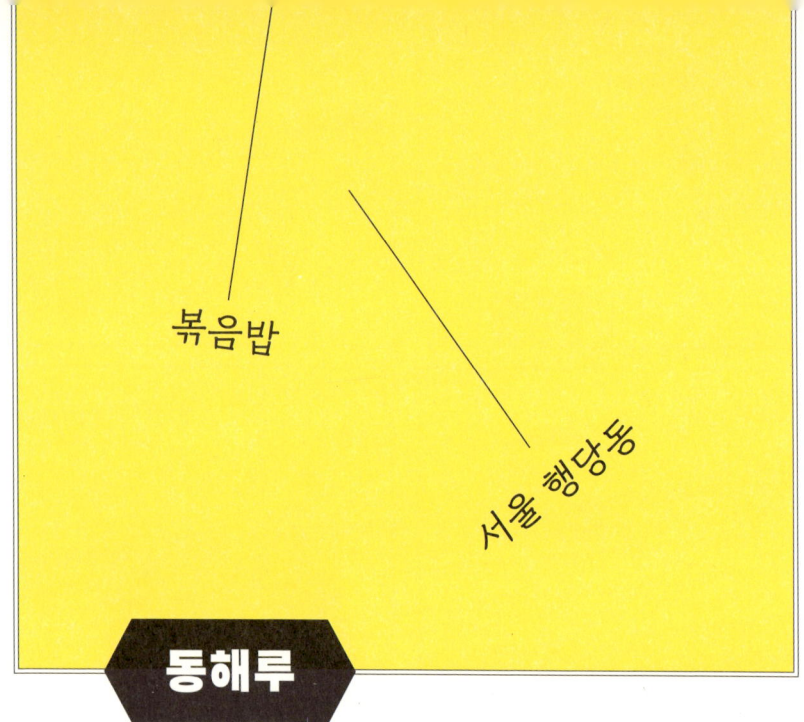

전화를 받아보니 우리나라 사찰 음식의 대가 정산 스님이었다. 스님은 설치미술가, 화가이며 인사동에 사찰 음식 전문점 '산촌'을 운영한다. 이곳의 피아노 2대를 조율해달라고 하셨고, 이렇게 정산 스님과 인연이 시작되었다. 그랜드 피아노는 1층 식당에, 업라이트 피아노는 2층 작업실에 있으니 영업시간 전에 찾아뵈어야 해서 아침 일찍 서둘러 방문했다. 주방 쪽에서 영업을 준비하는 직원들 목소리가 들렸고, 반갑게 맞이해주신 스님은 전화 목소리로 들었을 때 나와 비슷한 또래로 짐작했으나 희끗희끗한 수염이 멋스러운 70대 후반의 노인이 아니신가?

먼저, 사찰 음식과 잘 어울리는 승무 공연이 열리는 1층의 그랜드 피아노를 조율했는데, 낙원상가와 가까운 곳이라 여러 조율사가 다녀간 듯,

피아노 상태가 안정돼 보이지 않았다. 조율의 원리는 한 가지인데, 어째서 사람마다 이렇게 다를까. 신기한 일이다. 1시간여 동안 조율을 마치고, 스님이 계시는 작업실 피아노를 만나러 갔다. 일본에서 만든 업라이트 피아노인데, 음의 높이인 피치가 불규칙하게 떨어져 있었고, 약간의 습기 탓에 건반의 움직임이 원활하지 않았다. 또한, 저음 쪽 건반 몇 개에서 여음이 들렸다. 지음 장치인 댐퍼damper를 살피며 조정해주었다. 원래 피아노 건반을 누르면 소리가 지속되고, 손가락을 떼면 곧바로 소리가 나지 않아야 하는데, 댐퍼가 제자리에서 벗어나 있으면 지저분하고 약한 소리가 원치 않는 잔상처럼 남는다. 점검과 조율을 모두 마친 뒤 스님이 테스트 연주를 하셨는데, 놀랍게도 피아노 연주 솜씨 또한 대단했다.

차를 마시며 스님과 대화를 잠시 나누었다. 40여 년 전, 전국을 다니며 사라져가는 우리 사찰 음식을 정립하고, 기록해 출간했다는 이야기와 해외 전시 이야기, 목사 친구들도 있다는 이야기 등 여러 가지를 말씀해주셨다. 사실 이런 대화는 그저 지나가는, 어쩌면 지루한 자기 자랑일 뿐인 것이지만, 이상하게 듣는 동안 마음이 편안해졌다. 종교의 힘 같은 것인지, 내가 남 사는 이야기 듣기를 좋아해서인지, 스님의 인품 때문인지, 무엇인지 모르겠지만. 다시 들르겠다는 인사를 드리고 산촌을 나섰다. 마음이 편하면 밥맛도 좋지. 점심은 궁금했던 중국집에서 먹으려고 행당동으로 향했다.

메뉴는 버스공제조합에 다니는 후배가 칭찬을 아끼지 않았던 볶음밥이다. 왕십리 역 부근 재개발 지역 골목에 자리한 동해루. 2층 건물의 위층은 사장님 내외가 거주하시는 듯하고, 1층에는 테이블 서너 개와 신을 벗고 올라가 앉는 자리가 2개 마련되어있다. 오늘은 이런 구조 공간의 연속이군. 60대로 보이는 사장님이 주방을 담당하시고, 사모님이 홀 서빙을 하시는 듯, 친절하다. 가까운 곳은 사장님이 직접 배달도 하신다. 반듯한 글씨의 차림표에서 발견한 볶음밥이 5천 원, 요즘 물가를 생각하면 저렴한 편이다. 주문 후 내어주는 반찬이 매우 반가웠는데, 단무지와 양파는 어디나 나오지만, 깍두기를 내어주는 집은 드물다. 게다가

동해루

아주 맛있어 보인다. 주방에서 요란한 웍 소리가 들리더니 등장한 볶음밥은 전라도 지역에서 흔히 볼 수 있는 모습, 오므라이스처럼 달걀지단으로 밥을 덮어 나왔고, 한켠에 짜장 소스도 있다. 인천과 부산은 달걀프라이가 반숙으로 올라가고, 전라도 지역에서는 오므라이스처럼 달걀을 풀어 부친 후 밥 위에 덮어나오는 편이다. 서울의 중국집들에서는 달걀이 볶음밥에 다양하게 어우러진다. 동해루의 것은 전라도 쪽과 비슷하다. 이 빠진 멜라민 용기에 짬뽕 국물도 나왔는데, 오래 끓인 진한 국물이 싫지 않았다.

지단을 살짝 걷어보니 밥알이 수분기 없이 기름으로 잘 코팅되었다. 분명 국자로 꾹꾹 눌러가며 볶은 밥이다. 약간의 바삭한 식감과 고소함을 잘 느낄 수 있는데, 누룽지보다는 덜 해도 단단한 밥알이 입안에서 톡톡 터지는 느낌이다. 밥알을 국자로 누르지 않았을 경우, 수분을 잘 날렸다 하더라도 푸석하고 기름에 비빈 것처럼 밥알이 폴폴 날릴 수 있다. 그런 볶음밥은 먹을수록 느끼하다. 국자로 누른 쪽이 나는 취향에 맞는다. 몇 가지 채소만 썰어 넣었고, 군산 형제반점과 비슷한 볶음밥으로 지단과 함께 잘 익은 깍두기를 올려 맛보니 새콤, 매콤, 고소함이 어우러지는 복합적인 맛이 재미있다. 먹는 내내 깍두기가 큰 역할을 한다. 끝으로 볶음밥을 짬뽕 국물에 말아 먹고, 동해루를 나선다.

인천으로 돌아가는 길, 정산 스님에게 전화가 왔기에 혹시 피아노에 문제가 있는지 걱정하며 받았는데, "조 선생! 당신 기술이 상당히 좋은데요? 소리가 너무 마음에 들고 터치감도 좋아요."라고 하셨다. 감사를 전해야만 할 것 같아서 전화 주셨다고. 서로 잠시 인사와 덕담을 나누며 다음 만남을 기약했다. 다음 만남은 아마도 피아노에 문제가 생겼을 때겠지. 일부러, 안 봤으니 봐야지, 하지 않아도 되는, 각자 흐르듯 살다가 자연스레 만나도 되는 게 좋다. 그런 관계가 부담이 없다. 동해루 볶음밥처럼. 맛있는 볶음밥도 먹었는데, 피아노 조율을 잘한다는 소리까지 들으니 오늘 최고군.

깍두기를 주는 동해루.

볶음밥을 짬뽕에 적셔 먹으며 마무리.

동해루

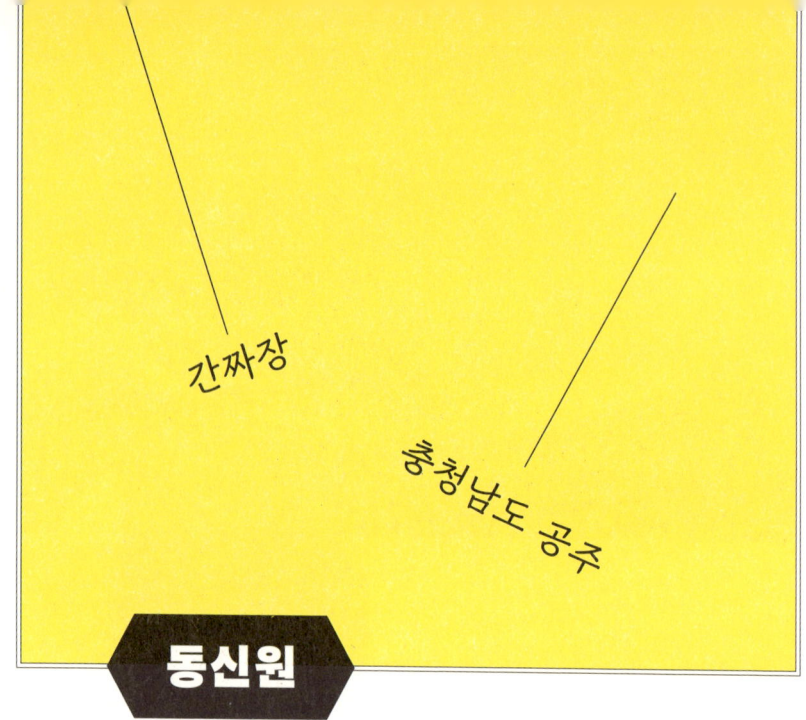

새벽녘 가랑비가 아침이 되니 촉촉한 바람만 느껴지는 상쾌한 가을날, 공주로 출장을 간다. 인천에서 쓰던 피아노를 동생 집으로 옮겨달라는 부탁과 함께 조율도 의뢰받았다. 전날 피아노를 공주로 보내고, 고속도로를 달리려는데, 출근 시간이 지났음에도 정체가 시작된다. 약속에 늦을까 봐 조바심이 난다. 더 가보니 젖은 노면 때문에 차량 여러 대가 가벼운 접촉 사고로 얽혀있다. 여기저기 하도 많이 다니다 보니 이런 장면을 참 많이 보게 되는데, 가끔은 데자뷔 같다. 이럴 때의 내 조바심도. 안전 운전합시다, 여러분.

조금 늦게 도착해 아파트 현관에서 초인종을 누르니 초등학생으로 보이는 아이가 인사를 하며 반겨주었고, 사촌 누나가 치던 피아노를 물려받았음을 알았다. 영창피아노 U-131CG. 오래전 수출하고 남은 양을 국내에서 판매하던 모델인데, 크기가 큰 편이라 요즘에는 집에서 잘 사용하지 않으며 교회에서 간혹 볼 수 있는 피아노다. 조율 전 점검해보니, 보면대 부분에 기역 자 모양의 금속 연결 고리가 없어져 고정되지 않는 상태. 부품을 구해서 공주까지 다시 오려면 시간이나 비용이 많이 들어 즉석에서 만들어 사용해야만 했다. 이런 경우가 처음이 아니었기에 침착하게 세탁소 용 옷걸이를 달라고 하여 원래의 부품과 똑같은 길이로 잘라 사용하니 굵기도 거의 같아서 잘 맞았다.

케이스를 떼고 점검해보니 건반 해머(타현 장치. 양모를 압축한 헤드와 기둥인 샹크로 되어있다)가 직선이 아닌 살짝 옆 방향으로 누워 심하게 둔탁한 소리를 내는데, 이것은 버트 플랜지 butt flange의 센터 핀이 적당히 조여지지 않아 생기는 현상이다. 피아노는 건반을 누르면 해머가 줄을 때려 소리를 내는 구조인데, 버트 플랜지는 해머의 아랫부분으로, 해머가 움직일 수 있도록 해주는 축이다. 이 장치는 센터 핀으로 고정되어있다. 센터 핀이 너무 꽉 조이거나 헐거우면 해머가 기울어져 움직이고, 피아노 줄을 정확하게 때릴 수 없으니 좋은 소리가 날 리 없다. 피아노는 수제 시계처럼 여러 가지 부품이 정교하게 얽혀 작동한다. 드라이버로 분리한 후, 조심스럽게 제자리로 잡아주었더니 알맞게 움직였다.

위가 헤머, 가운데 기둥이 샹크, 아래가 버트 플랜지. 빨간 점처럼 보이는 것이 센터 핀. 이 전체가 건반과 연결되어 있다.

동신원

1시간가량 조율하고, 페달을 밟아 테스트해보니 오른쪽 댐퍼 페달이
작동하지 않았다. 아래쪽을 열어보니 나비 너트가 파손된 상황. 다행히
여분을 가지고 있어 바로 교체해주었다.

작업을 마치고 나니 어느덧 점심시간. 공주에는 짬뽕으로 유명한 중국집이
몇 있으니 그중에서 동해원으로 찾아갔는데, 얼마 전 이전했다고 했다.
허탈한 상태에서 우연히 찾아간 곳이 이인면사무소 부근 동신원.
오래되어 보이는 외관 때문에 들어갔다. 이런 외관은 이상하게 사람을
끌어당기는 힘이 있는 것 같다. 물론 사람 성향 따라 다르겠지만, 세월의
흔적이 무언가를 말하는 느낌. 새 건물에 모든 것이 깔끔한 집도 좋지만,
그런 곳에서 보장하는 것과 이런 낡은 곳에서 생겨나는 기대와 감성이
참 다르다. 어쩐지 맛있을 것 같은, 숨은 대가가 있을 것만 같은 느낌.
물론, 그저 지저분한 곳일 때도 많다. 하지만, 기대가 맞아떨어졌을 때의
쾌감이 커서 모험을 망설이지 않는다.

돌출된 간판에 '손짜장'이라는 글귀 때문에 짬뽕 대신 간짜장으로
부탁드렸고, 70대 어르신이 주방에서 밀가루 반죽을 길게 늘어뜨리며
작업대에 큰 소리가 날 정도로 세게 내리치고 늘리길 반복하셨는데,
요즘 보기 쉽지 않은 광경이라 한참 동안 주방 쪽을 바라보았다.
40대 아드님은 배달과 홀 서빙을 겸하는 듯 보였고, 아버지가 공주 최고령
주방장이라며 자랑스럽다고 하면서 반찬을 내주었다. 생각 같아서는
젊은 아들이 힘든 수타 작업을 하는 게 맞는 듯하지만, 조리 과정 중 가장
중요한 작업을 쉽게 넘기지 않는 것이겠지. 단무지와 양파, 깍두기가
나왔으며 중국집에서 오랜만에 보는 깍두기가 반가웠다. 중국집에도
조금 새로운 반찬이 필요하다. 요즘은 자차이를 내놓는 집도 꽤 많지만,
좀 다른 것도 보았으면 좋겠다. 사진을 찍는 내 모습이 궁금했는지
외모가 터프해 보이는 아드님이 친절한 말투로 사진에 관해 물었고,
음식 관련 글을 쓴다고 양해를 구한 후 음식 사진을 몇 장 찍었다.
화교들은 대물림해서 중국집을 운영하는 경우가 많으며 70대 고령이시면

충청남도 공주

그들에게 요리를 배운 한국인 1세대 요리사가 아닐까? 평생을 주방에서 묵묵히 자기 일만 하신 분이라 자연스럽게 존경심이 생겼으며 나 또한 피아노 조율의 장인으로 한평생 보내리라 다짐을 해본다.

곧 고소한 짜장 소스 냄새가 났고, 얼마 후 테이블에 올려진 간짜장. 순백색에 가까운 면발이 가지런히 놓여있고, 그 위에 양파와 호박, 돼지고기가 들어간 까만 소스가 있다. 갓 볶은 짜장 소스가 따로 나오는 게 아니라 면발 위에 올려 나오는 게 특이했지만, 눈앞에 놓인 짜장면 냄새에 정신이 혼미해 서둘러 비비기 시작. 면발을 들어 올렸을 때 느낌이 상당히 묵직하다. 식소다와 소금은 최소량을 사용한 듯하고, 면발의 밀도가 매우 높으며 숙성한 반죽을 오래 치대서 만든 정성스러운 짜장면이다. 한 젓가락 크게 떠서 입안 가득 채우며 먹기 시작하는데, 많이 달거나 짜지 않고, 면발은 탄력이 느껴지지만, 쉽게 끊어지는지라 허기를 급히 채우기 좋다. 짜장면은 정말 후루룩 입안 가득 넣고 빨리 먹는 게 가장 맛있는 것 같다. 곱빼기로 주문할 걸.

동신원 짜장면은 수타 짜장면에 대한 편견을 완전히 버리게 된 계기가 되었는데, 보통 오랫동안 치대기 힘들고, 면발의 탄력을 위해 수타를 치면서 손에 소다수를 계속 바른다. 나는 그게 싫다. 하지만, 동신원에서 경험한 면발은 그렇지 않았다. 이렇게 좋은 짜장면을 오랫동안 맛보고 싶은데, 아드님이 주방에 계시지 않는 것으로 보아 가업으로 이어지지 않을 듯해 안타까움이 밀려왔다. 이미 한식으로 자리매김한 짜장면과 짬뽕. 일본의 소바집이나 우동집처럼 100년, 아니 수백 년 역사를 지닌 중국집이 생겨나기를 바라본다.

동신원

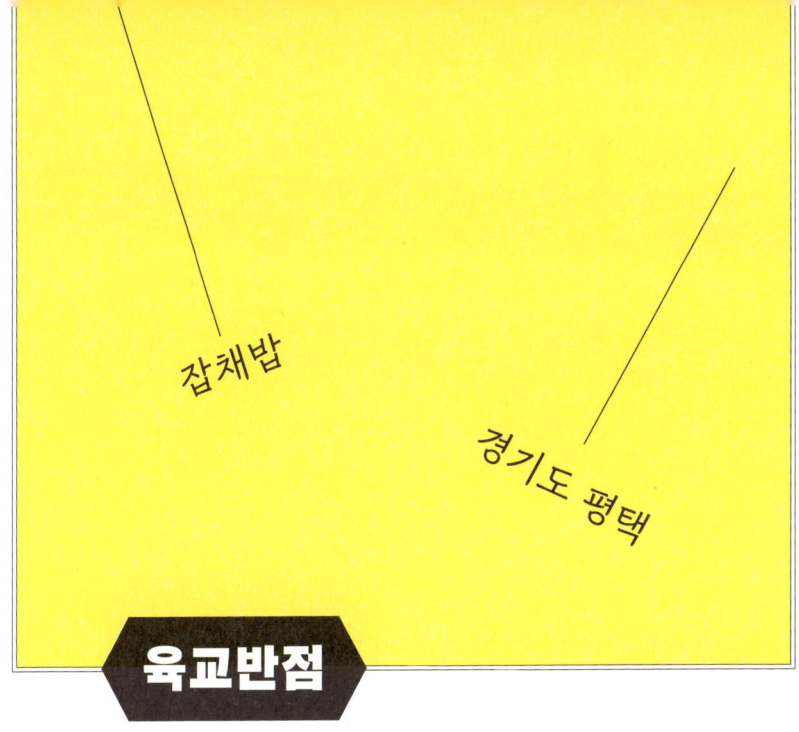

당연하게도, 피아노 조율사는 음악에 관련한 분들과의 관계가 매우 중요하다. 그것은 수입과도 직결된다. 특히 피아노 교습 선생님들과 유대 관계를 가지며 상부상조하는 경우가 많은데, 선생님이 가르치는 학생들의 피아노 조율을 부탁하는 일도 있고, 내가 학생을 소개해주는 일도 있다. 따뜻한 가을날에 열이 나고 감기 기운이 있다. 알레르기 때문인지, 밤새 뒤척이며 잠을 푹 못 잔 탓인지 모르겠지만, 어쨌건 조율 의뢰가 들어온 평택으로 출장길에 오른다. 10년 넘게 알고 지내는 선생님이자, 인천에서 출장 강사로 매우 유명한 분인데, 그분 친구의 피아노를 조율하러 간다. 이렇게 인맥이 중요하다.

평택에는 지인들과 동해장에서 여러 가지 요리를 맛보고 모임을 한 뒤
1년 만이다. 동해장이 TV에 소개되면서 내키지 않아서인지 아니면
찾는 이들이 많아져 불편해서인지, 들러볼 마음이 통 나지 않았다. 아무튼,
백발의 동해장 사장님을 못 뵌 지 한참 되었다. 평안히 잘 계시려나.
어느 아파트에 주차하고, 엘리베이터를 오르며 거울을 보며 옷매무새와
머리카락을 단정히 한다. 20년 넘은 습관으로, 첫인상을 그나마(?)
좋게 보이려는 의도로 시작했다. 집 안으로 들어서 보니 피아노는
영창 UC-118TFS 모델이다. 중국산 모델이 개발되면서 큰 인기를
누린 적이 있었고, 후속 모델이 여전히 잘 팔리고 있으니 제조사에 많이
기여한 피아노인 셈이다. 테스트 연주를 해보니 건반의 움직임이 둔하고,
연타가 되지 않는 상태. 누르는 즉시 소리가 나지 않고, 미세하게
지연된다. 이럴 때 건반은 무척 무겁게 느껴진다. 여름이 오면 습도가
높아 더 심해질 듯하니 서둘러 잡아주어야 하는 상황이다. 케이스를
열고 건반을 하나씩 뽑았다. 키 플라이어로 프런트 홀(건반 뒷면의
천으로 싼 구멍)과 밸런스 홀의 구멍을 넓혀주었다. 건반의 움직임이
정상 속도로 돌아왔고, 88개 건반 모두 같은 방법으로 작업을 마쳤다.
번거로운 작업이지만, 다 하고 나면 개운하다. 가벼워진 건반처럼.

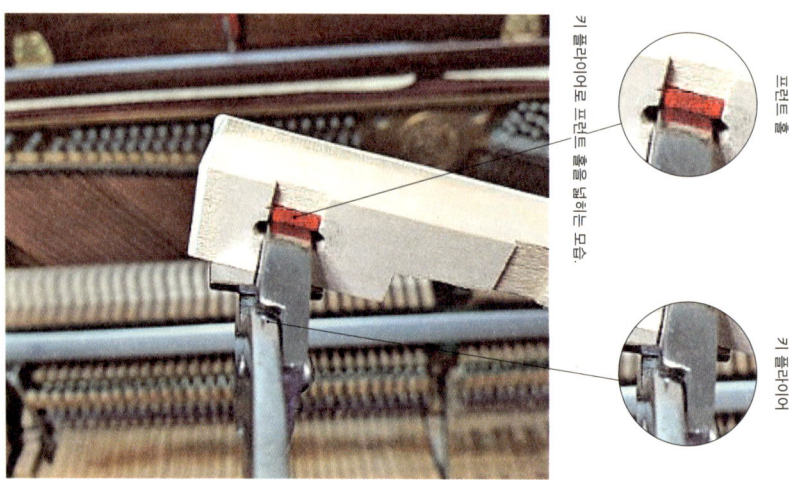

경기도 평택

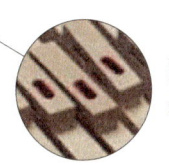

건반 뒷면의 빨런스 홀이 좁아지면, 연주 시 건반이 잘 올라오지 않거나 늦게 반응한다.

빨런스 홀

이제 조율. 맨 먼저 현 사이에 지음 도구를 끼웠다. 12 평균율에 따라 12개 건반으로 한 옥타브를 만든 뒤, 그것을 기준으로 나머지 현들을 정확한 음높이로 맞춰나갔다. 이제 건반은 가볍고, 음이 정확해지면서 좋은 소리가 난다. 조율 작업에는 무언가 소소한 것을 차츰차츰 나아지게 하는 기쁨이 있다. 그 '나아짐'이 소리로 곧장 느껴진다.

작업의 마지막은 늘 페달의 유격을 확인하는 것으로 마친다. 페달의 강한 스프링 장치 때문에 느슨해짐을 확인하고, 정상 유격으로 조정해주어야 하는데, 대다수가 오른쪽 댐퍼 페달을 더 많이 사용하는 관계로 조율 시 항상 조정이 필요하다.

경기도 평택

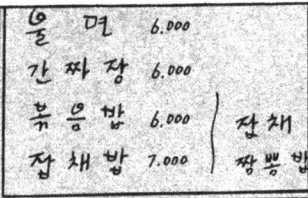

경기도 평택

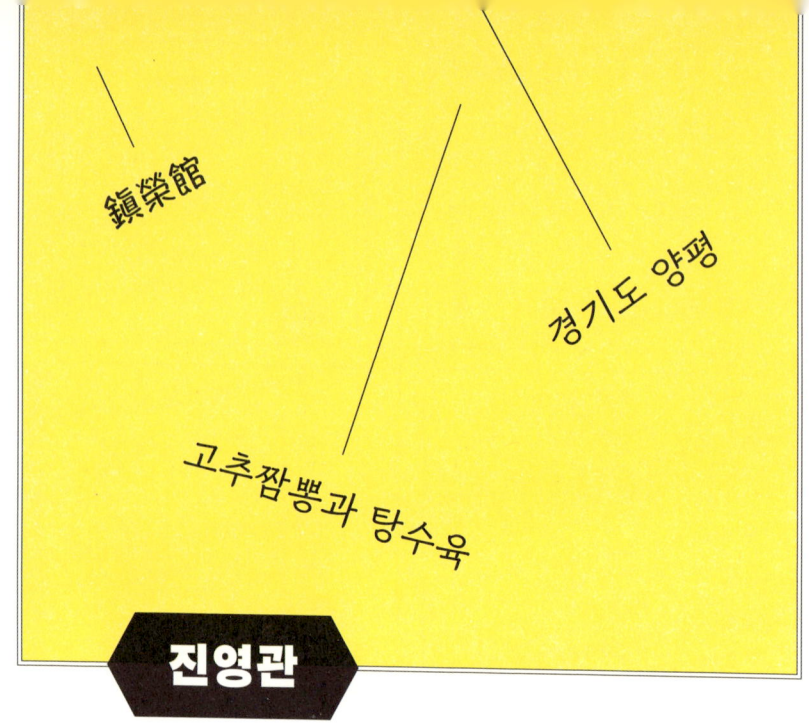

서울 독산동 어느 교회에 피아노 조율하러 다닌 지 어느덧 10여 년이 되었다. 이 교회는 그동안 예배당을 새로 건축하고, 양평에 수양관을 설립하는 등 많은 성장을 하고 있다. 교회라는 곳은 어떤 수익 구조로 이러한 활동의 경비를 충당하는 걸까. 궁금하지만, 물어본 적은 없다. 그랜드 피아노와 업라이트 피아노가 4대 있으니 규모가 상당한 편. 어느 날 목사님에게 연락이 왔고, 수양관에 업라이트 피아노 1대가 필요하다고 해서 적당한 피아노를 양평으로 보냈다. 새 피아노를 옮기거나 또는 배송한 경우, 출하 시 피치를 올려 조율해 나오니 음이 떨어질 일이 잦지 않지만, 운송 과정에서 문제가 없었는지 꼼꼼히 살피는 과정이 필요하다.

경기도 양평

화창한 가을날, 양평 용문면으로 향한다. 수양관에서 조금 더 들어가면 중원폭포가 있으며 부근에 산과 들이 멋지고 공기도 맑은 곳이다. 도착하니 관리동의 커다란 개 두 마리가 나를 환영하는지 아니면 경계하는지 계속 짖었고, 관리하시는 분이 나와 연락을 받았다며 안내를 해주신다. 의자도 없이 넓은 예배당 안쪽 강단에 놓인 피아노. 40여 분 동안 조율과 점검을 마치고 나니 점심시간이 조금 지났다. 일을 열심히 한 데다가 맑은 공기 속에 있으니 식욕이 더 당긴다. 양복 안주머니에서 노트를 꺼낸다.

양평읍에는 오래된 화상 중식당이 두 집 있는데, 그중에 오늘 찾을 곳은 진영관. 고추짬뽕으로 유명한 집이다. 2층 벽돌 건물로, 1층에는 식당, 2층에는 살림집이 있다. 가게 앞에 주차하고 안으로 들어가니 60대 정도로 보이는 아주머니가 주인이신 듯, 계산대를 지키며 서빙을 하신다. 궁금했던 고추짬뽕과 탕수육을 주문했다. 탕수육은 15,000원과 25,000원 두 가지로 양에 따라 가격이 다르다. 요리를 먼저, 식사는 나중으로 부탁드렸고, 적은 양으로 요청했던 탕수육이 꽤 넉넉하게 나왔다. 놀라운 것은 중화 팬에 소스를 만든 뒤 두툼한 고기튀김을 함께 볶아 나왔다는 점. 중국 탕추糖醋 스타일의 탕수육으로 내가 매우 좋아하는 식이다. 소스가 튀김에 스며들어 단맛과 신맛을 모두 깊게 느낄 수 있다. 그런데도 바삭하다. 요즘 양꼬치집에서 볼 수 있는 꿔바로우와 흡사한 맛이다. 찹쌀은 안 들어갔지만. 찍먹이니 부먹이니 하는 것은 우리나라 중국집에서 배달을 하기 시작했던 70년대에 탕수육을 볶아서 배달하면 시간이 지날수록 바삭함이 사라지고 흐물거리기 때문에 고기튀김과 소스를 별도로 배달해서 생겨난 것으로, 지금은 식당에서도 소스와 튀김이 따로 나오는 것을 종종 볼 수 있다. 단맛과 짠맛, 극도의 매운맛을 추구하는 요즘 사람들에게 탕수육의 신맛은 거슬릴 수 있지만, 원래 탕수육은 신맛이 강해야 더 바삭함이 잘 유지된다. 진영관의 탕수육이 그렇다.

의외로 매우 만족스러운 탕수육을 맛보고 있으니 드디어 등장한 진영관의 고추짬뽕. 짬뽕은 원래 지금처럼 국물이 빨갛고 매운 게 아니라

진영관

돼지 뼈나 닭 육수로 만든 하얀 국물의 음식이었다. 진영관의 고추짬뽕이 하얀 국물에 야채를 길게 썰어 넣은 모양이다. 오징어와 야채를 넉넉히 넣은 국물이라 해장 되는 느낌. 게다가 고추까지 썰어 넣었으니 이마에 땀방울이 맺히며 스트레스가 풀리는 기분. 매콤하고, 칼칼하고, 시원하다. 하지만, 왠지 우동에 고추를 넣은 것처럼 큰 감흥이 느껴지지는 않았다. 다만 다른 곳에서 흔히 볼 수 있는 음식은 아니어서 양평에 볼일이 있을 때 가끔 맛보고 싶은 짬뽕이다.

의외의 수확은 역시 탕수육. 돼지고기 튀김과 소스를 함께 볶아 나오는 것이 아주 매력적이고, 신맛이 살아있어 좋은 식감과 잡내를 전혀 느낄 수 없는 훌륭한 탕수육이다. 이렇게 예상 못 한 맛있는 음식을 우연히 만나면 길에서 돈을 줍거나 보너스를 받은 듯이 기분 좋다.

진영관

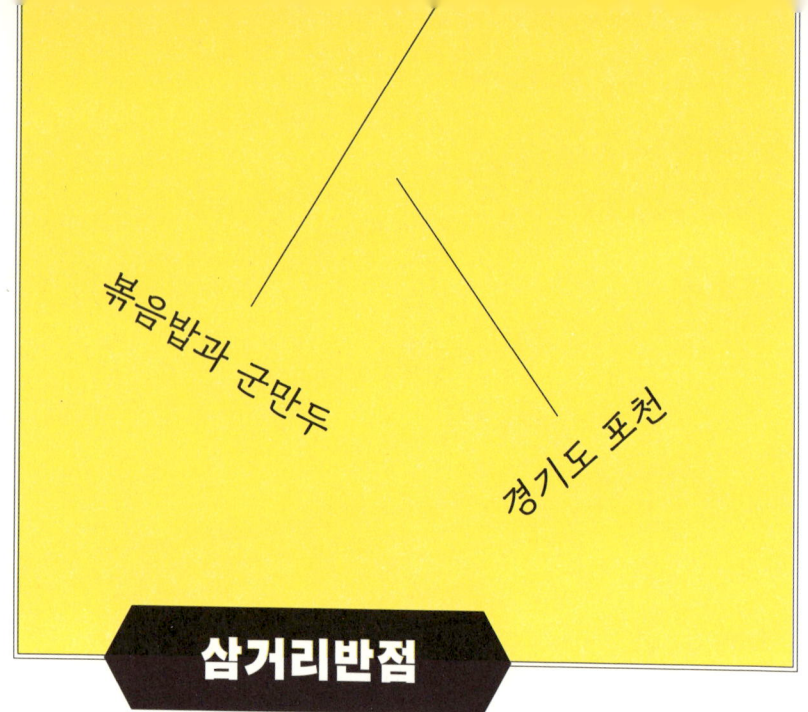

삼거리반점

백화점 매장에 어떤 분이 피아노를 사러 왔다. 인천의 대형 완구 매장에 근무하시는데, 여태 떨어져 살던 부모님과 함께 살아갈 집을 포천에 지었고, 그 집에 피아노를 두고 싶다고 하신다. 많은 이야기를 나눈 끝에 적당한 모델로 권유해드렸다. 피아노를 새집으로 배송했고, 열흘 뒤 조율을 하러 가게 되었다.

포천 직동리. 커다란 개울 양옆으로 식당이 즐비한 유원지가 있었고, 조금 더 가니 작은 마을이 나타났다. 의뢰인이 준 주소로 찾아가니 마당이 넓은 이층집인데, 부모님을 위해 조그만 찜질방까지 별도로 지어놓았다. 전국으로 조율을 다니다 보면 이런저런 집 구경, 동네 구경을 자연히 하게 된다. 사는 모습도 제각각, 사연도 제각각. 재미있다.
그런 것들을 보면서 가끔 10년 뒤, 20년 뒤의 나는 어디서 어떻게 살까,
생각해 보기도 한다. 물론 알 수 없다.

내가 보낸 작은 피아노는 2층에 있었다. 진한 와인빛 광택이 나는 업라이트
피아노에 헤드폰을 쓰면 혼자만 들을 수 있는 장치도 있다. 요즘에는
층간 소음 문제로 일반 피아노에 헤드폰 장치를 추가해서 출고하는 경우가
많다. 아직 다 짓지 않은 건물이라서 난방이 완벽하지 않아 조금 추웠지만,
1시간 동안 점검과 조율을 하고 나니 몸에 열이 나서 괜찮았다.
일을 마친 뒤 노트를 펼쳐보니, 포천에는 많이 알려진 미미향이라는
중식당이 있지만, 예전에 이미 가봤다. 다른 곳은? 가까운 내촌면사무소
부근의 삼거리반점이 있군.

내촌삼거리 모퉁이에 붉은색 간판에 크게 '중화요리', 작게
'삼거리반점'이라고 쓰여있다. 삼거리에 있어서 삼거리반점. 시골에서는
사실 상호가 그리 중요하지 않다. 그냥, 중국집이라는 게 중요하다. 삼거리를
지나쳐가는 운전자들에게는 특히 그렇겠지. '중화요리'를 크게 쓴 이유가
있다. 처음 경험하는 집이니 볶음밥을 주문했고, 허기짐에 군만두도 함께
부탁드렸다. 중년의 부부가 운영하시며 가까운 곳은 배달도 하는 듯
주문 전화가 계속 울린다. 중국집에서는 보통 단무지와 양파 각각
한 접시씩 주지만, 이곳은 두 접시 내어준다. 거기에 김치 한 접시까지.
반찬 인심이 좋다. 어차피 더 달라고 할 때가 많으니 적당한 양씩 준다면
괜찮은 방법이다. 주방 쪽에서 규칙적인 웍 소리가 나더니 타원형 접시에
짜장 소스와 더불어 달걀이 덮인 볶음밥이 나왔다. 달걀을 풀어 작은 그릇에
익힌 뒤 볶음밥을 그 위에 올려 모양을 잡아 나온 듯. 반듯하다. 야채는
잘게 썰어 이물감 없이 맛볼 수 있게 했고, 돼지고기는 비교적 투박하게
썰어 넣었다. 고슬고슬하게 수분기를 잘 날린 맛있는 볶음밥으로,
숙련된 요리사의 솜씨임을 누구나 알 수 있다. 양 많이 나온 짜장 소스도
달지 않고, 감칠맛이 있다.

삼거리반점

이 집 짜장면도 맛있을 듯. 다음에는 꼭 짜장면을 맛보고 싶다.
삼거리반점은 달걀국을 내어주는데, 이 집 짬뽕은 미리 국물을 만들어
놓지 않고, 주문 즉시 새로 조리할 확률이 높다. 왜냐하면 짬뽕국을 미리
만들어놓은 집이라면 대부분 볶음밥에 짬뽕국을 주기 때문이다.
인류 최고의 향신료라 할 수 있는 파를 달걀국과 볶음밥에도 적당히
사용했으니 두루 입맛에 잘 맞는다. 짬뽕 국물이라면 밥도 조금
말아 먹지만, 달걀국이라서 따끈하게 조금씩 마시며 몸을 녹여본다.

주문했던 군만두는 독특하게 한 접시에 7개가 나왔으며 직접 빚은 것은
아니지만, 크기가 제법 큰 만두를 사서 적당히 잘 튀겨냈다. 기름에
퐁당 빠트리지 않았으니 구웠다고 보아야겠지. 후추 향으로 잡내를 잡은
전형적인 시제품 만두지만, 가격을 생각하면 불만은 없다. 배가 많이
고플 때는 식사 메뉴와 곁들이면 포만감을 느끼기에 충분하다. 결국,
만두는 배가 불러 두어 개 남기고 자리에서 일어났고, 잘 먹었다는
인사도 빠트리지 않았다.

삼거리에 있어 삼거리반점.

경기도 포천

삼거리반점

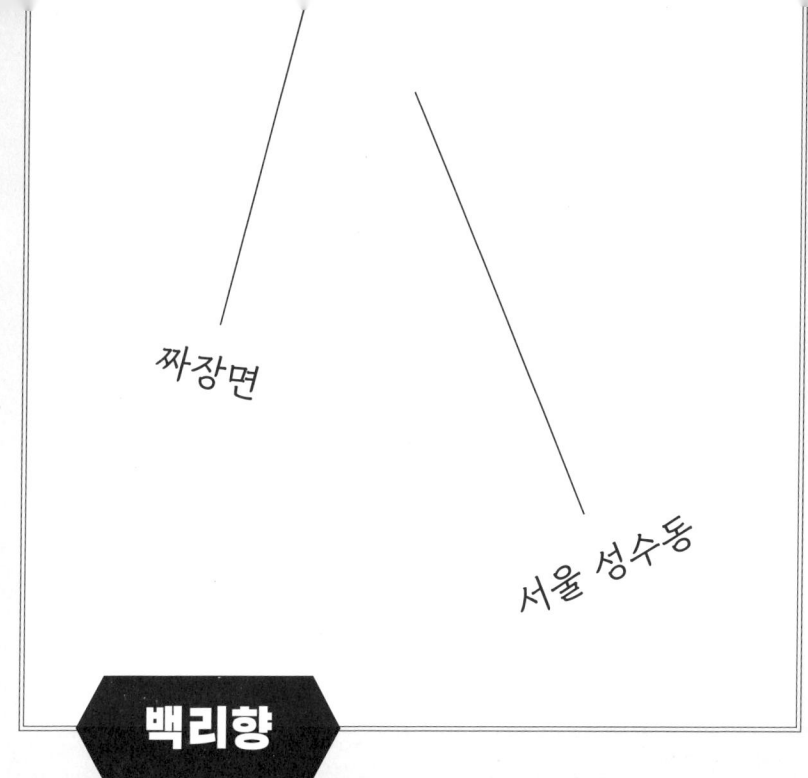

짜장면

서울 성수동

백리향

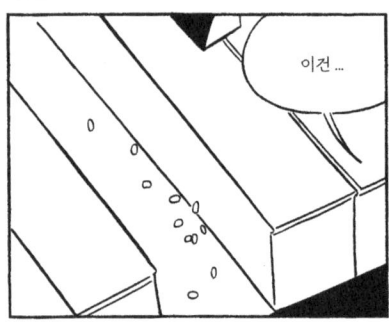

서울 성수동

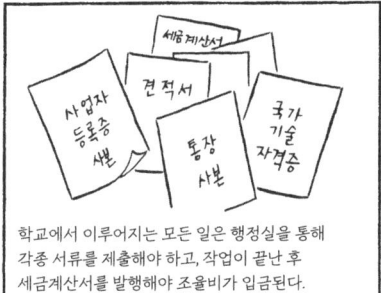

학교에서 이루어지는 모든 일은 행정실을 통해 각종 서류를 제출해야 하고, 작업이 끝난 후 세금계산서를 발행해야 조율비가 입금된다.

버스공제조합에 근무하는 후배가 알려준 백리향은 여의도의 유명한
중국집과 상호가 같지만, 뚝섬 역 부근 이면 도로에 자리한 다른 집이다.
이 후배도 못 말리는 중국집 마니아인데, 평소 백리향 짜장면 칭찬이
대단했던 터라 무척 기대되었다. 붉은색 간판이 멀리서도 잘 보였고,
가까운 곳에는 배달도 하는 듯했다. 문을 열고 들어가니 한 무리가 회식을
하는지 점심시간임에도 요리와 맥주병이 보이고, 시끌벅적했다.
조금 떨어진 자리에 앉아 간짜장을 주문했는데, 2인분부터라고. 어쩔 수
없이 짜장면으로 주문. 카드단말기가 없다는 문구도 독특한데, 가격을
생각하면 이해가 가는 대목이다. 요즘 보기 드물게 4천 원. 나와 비슷한
또래로 보이는 사장님이 주방을 담당하시고, 부인으로 보이는 아주머니가
홀에서 접객을 하신다. 단무지와 양파 그리고 까만 춘장이 테이블 위에
놓였고, 주방에서 바쁘게 움직이는 소리가 한참 들린 후 짜장면이 나왔다.

첫인상을 표현하자면, 한마디로 유니짜장. 가벼운 스테인리스 면기에
나온 짜장면 위 소스는 양파와 고기를 잘게 다지듯이 썰어 넣었는데,
그 수고스러움을 생각하면 음식값이 매우 저렴하다고 생각되었다.
면이 보이지 않을 만큼 소스의 양이 넉넉했으며 고소한 냄새 때문에
사진 한 장 찍고, 바로 비비기 시작했다. 면발에서 느껴지는 묵직한
탄력이 쫄깃한 면임을 짐작하게 한다. 나는 부드럽고 잘 불어버리는 면을
좋아하는 편이지만, 백리향의 쫄깃한 면발은 잘게 다져 만든 소스와 무척
잘 어울려 괜찮다. 이런 소스에 부드러운 면이면 나중에는 숟가락으로
퍼먹게 되는데, 그래서는 일명 '면치기'의 기쁨을 길게 즐길 수 없다.
크게 한 젓가락 맛보니 적당한 단맛과 고소함, 쫄깃한 식감이 매우
조화롭다. 절로 웃음이 나온다. 우리나라에 영업 중인 중국집이 2만여 개,
한 식당에서 하루에 30그릇의 짜장면을 판다고 가정하면 하루에
60만 그릇이 소비되는데, 즉, 하루에 우리나라 사람 100명당 1명은
짜장면을 먹는다는 이야기이다. 짜장면을 한식의 한 부분으로 봐도 되는
대목이며 약 100년의 시간 동안 여러 형태의 짜장면으로 재탄생한 것도
당연한 일일지 모른다.

서울 성수동

잠시 짜장 소스만 포장해갈까 망설였지만, 이 집의 면발과 참 잘 어울리는 소스라 다시 들러 맛보기로 했다. 휴대전화로 백리향 짜장면 사진을 후배에게 전송하니 '서용궁 동백리'라는 답신이 왔다. 그 뜻은 서울에는 두 곳의 짜장면이 가장 맛있는데, 서쪽에는 원효로 용궁이, 동쪽에는 백리향의 짜장면이 뛰어나다는 이야기. 용궁의 짜장면은 나도 먹어본 적 있으며 역시 좋았던 기억이 난다. 안타깝게도 용궁은 얼마 전 문을 닫았다. 물가의 지표가 되는 짜장면값, 그리고 자장면과 짜장면을 함께 표기할 수 있는 맞춤법 등을 생각하면 짜장면이 우리에게 얼마나 가까운 음식인지 새삼 실감한다.

서울 성수동

피아노 조율사의 주된 업무가 피아노를 수리하거나 조정, 조율하는 것이지만, 대부분 매장을 함께 운영하고 있으니 악기 판매를 겸하는 경우가 많다. 조율만으로는 먹고살기 어려우니 어쩔 수 없는 노릇이다. 그 밖에도 피아노와 관련한 다양한 일을 한다.

아는 분의 후배가 피아노 학원을 개원할 예정이라는 전화를 받고, 부천으로 달려가 원장님과 미팅을 했다. 학원에서 쓸 피아노 3대를 중고로 구해달라는 부탁을 받았다. 이런 업무 또한 언젠가부터 피아노 조율사의 일이 되었다. 디지털 악기 시대에 아날로그적 인간이 살아남으려면 이것저것 할 일이 많다. 깔끔하게 조율만 하면 좋겠지만, 새로운 일도 자연스럽게 받아들이고, 큰 스트레스 없이 즐기는 편이다.
2주 정도 여유가 있어 천천히 저렴하게 매입했고, 원장님 집에 있던 피아노까지 해서 4대를 학원으로 보냈다. 계산동과 논현동 가정집에 있던 피아노 2대를 시세보다 저렴하게 매입했고, 1대는 괜찮은 악기를 구하기 어려워 어쩔 수 없이 중고 피아노 가게에서 업자 가격으로 공급받았다. 시세보다 저렴하다고 할 수는 없지만, 학원용으로 매우 적합한 피아노다.

개원하기 전날 오전에 방문해 4대의 피아노를 조율해드렸고, 점심시간이 지나서 업무를 마쳤다. 식도락을 공유하는 동생과 중국집에서 만나자고 연락을 취한 뒤 화원에 들러 원장님에게 보낼 개원 축하 화분을 고르고, 신포동으로 향했다. 인천 차이나타운에서 조금 벗어난 곳에 내공 있는 화상 중식당이 많은데, 오늘 찾을 곳은 깐풍꽃게로 유명한 중화방. 예전부터 저녁에 영업을 시작해 새벽까지 요리와 술을 파는 중화요리 심야식당의 원조다. 요즘에는 근처에 양꼬치집들이 우후죽순 늘어나 중화방의 영업시간이 점심과 저녁으로 한정되었다. 이런 변화도 때에 맞는 자연스러운 것이겠지. 아쉽긴 하지만.

인천 중구청과 신포시장 사이쯤 자리한 중국집.

여기 전에 안 와봤다 그랬지?

네. 저 여긴 처음 와봐요.

여기 깐풍꽃게를 꼭 먹어봐야 돼.

하- 기대되는데요?

인천 신포동

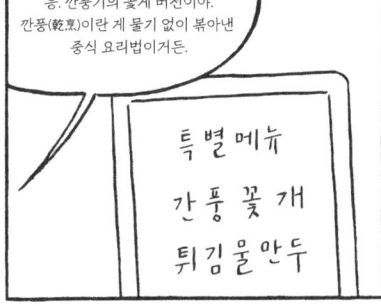

인천 신포동

인천 신포동

피아노가 어떤 이에게는 매우 특별한 의미가 되기도 한다. 국민학교 동창의 여동생이 결혼 전 서울에서 피아노 학원 강사로 근무하다가 결혼 후 전주로 이사 갔는데, 어릴 때부터 치던 피아노를 지금까지 가지고 있으며 조율을 해달라고 연락이 와서 전주로 출장을 간다. 요즘에는 디지털 피아노를 많이 치지만, 어쿠스틱과는 몸으로 느껴지는 오감에서 많은 차이가 있다. 수명이 50년 정도 되니 부모님이 사주셨던 피아노가 대부분이고, 다시 자식에게 물려주는 일도 많다. 악기가 집안의 역사인 셈이다.

어릴 적부터 봐왔던 동생인데 벌써 나이가 마흔이 되었고, 돌아가신 어머니의 유품이라며 매우 아끼던 것이 벌써 30년이 되는 낡은 업라이트 피아노이다. 우리나라가 피아노를 제작하기 시작한 것이 대략 60년 정도.
내부의 액션은 크게 변한 것이 없으나 외장재와 디자인은 그동안 많은
변화가 있었다. 제작하기 쉬웠던 검은색 포마이카 피아노를 시작으로
무늬목을 붙인 투명한 광택 재질이 한동안 유행하더니 요즘은 고급스러운
가구처럼 모양도 예쁘고, 광택 없는 여러 색상의 피아노가 많이 나온다.
이 동생의 피아노는 밤색 무늬목에 투명 포마이카 재질의 오래된
것이지만, 동생에게는 특별한 의미가 있기에 정성 들여 작업했다.

식사하고 가라는 동생의 손을 뿌리치며 요금도 거절하고 나선다.
전주에 왔으니 짜장면 먹고 가야지, 집밥이 웬 말. 전주보건소 부근의
대보장으로 간다. 화상 중식당으로 개업한 지 50년이 된 곳. 인근에 많이
알려진 한미반점을 외지인들이 찾는 집이라면 대보장은 손님 대부분이
전주분들이다. 낡은 간판에 전화번호 국번이 두 자리, 무척 반가운
모습이고, 문을 열고 들어가 간짜장과 소주 한 병을 주문했더니
짜장 소스 한 접시와 소주부터 내어주신다. 전라도 지방 중국집에서
주류를 주문하면 어느 집이나 이렇게 음식이 나오기 전 안주용 짜장 소스를
먼저 내어주는데, 무척 배려심이 엿보이는 부분이다. 일반 짜장면과
간짜장의 가격 차이가 대부분 천 원 정도라서 갓 볶은 야채와 춘장 맛을
느낄 수 있는 간짜장을 선호하는 편이다. 잠시 기다려 받은 간짜장은
멜라민 용기에 뜨거운 소스를 그리고 뽀얀 면발을 각각 내어준다. 배달을
하지 않는 집이라 반죽에 별도로 첨가한 것이 거의 없어 부드러운 면발이
취향에 잘 맞는다. 수수해 보이는 간짜장이며 가격도 저렴하다. 식당마다
간의 정도가 다르고, 비비기 편리하게 소스를 반 정도만 부어 비벼 맛본 후,
나머지 소스를 적당량 면 위에 올려 먹는 게 오래된 나의 습관이다.

대부분 간짜장 소스를 볶을 때 양파와 돼지고기를 가장 많이 사용하고,
경우에 따라 양배추나 주키니를 넣거나 또는 부추를 쓴다. 대보장은
양파와 주키니를 춘장과 함께 볶았다. 면발이 가는 편이고, 잘게 다진
야채가 들어간 뜨거운 소스를 보니 부산의 옥생관의 것과 많이 닮았다는

생각이 든다. 부드러운 면발과 단맛을 억제한 고소한 춘장 맛이
잘 어울리는 맛있는 짜장면이다.

무뚝뚝한 대부분의 화교 중식당과 다르게 무척 친절하며 입맛에
잘 맞았기에 금세 뚝딱 면을 다 먹고, 남은 채소를 숟가락으로 떠먹었다.
깨끗하게 빈 그릇. 그리고 후식으로 내어주는 요구르트. 별거 아닌 듯해도,
이게 또 고마운 마음이다. 또 한 곳의 맛있는 중국집에서 식사를 마치고,
즐거운 마음으로 전동성당으로 걷는다.

전라도 지역에서 늘 내어주는 안주용 짜장.

전라북도 전주

뽑은 면발과 갓 볶은 소스.

일가식.

대보장

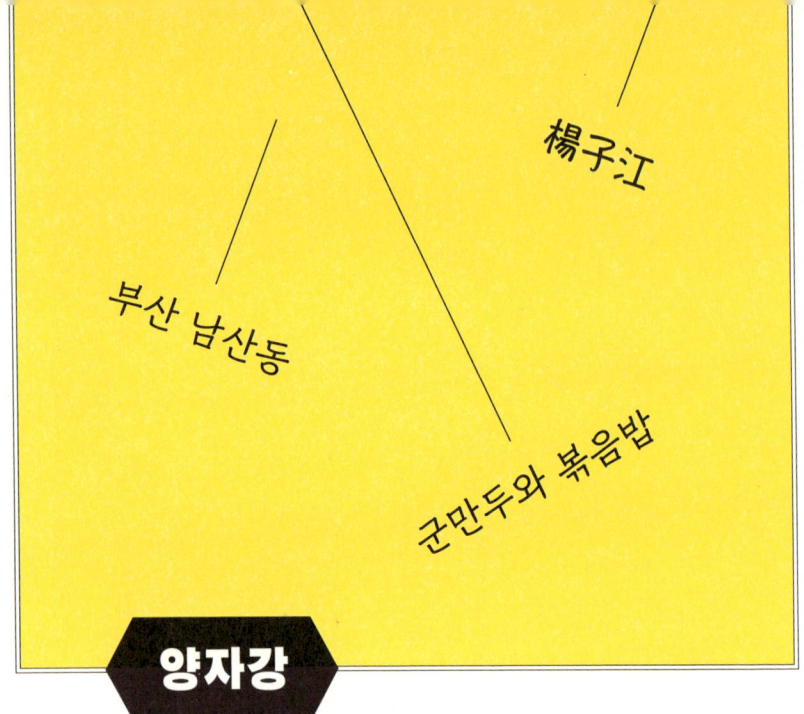

모임 자리가 많은 12월은 아침마다 해장을 하는 듯하다. 200여 매장 중에 10여 곳은 직영점인데, 나 역시 직영점을 운영하고 있다. 점장님들과 송년회 자리가 있어 1박 2일 일정으로 부산으로 향했다. 늘 인천이나 서울에서 모였지만, 부산에도 직영점이 두 곳 있기에 이번에는 부산에서 모이기로 한 것이다.

저녁 식사 때 서면의 한정식집에서 만나기로 했는데, 맛난 음식 찾아다니는 나는 조금 서둘러 열차에 몸을 실었고, 점심나절 부산 역에 도착해 인근의 중식당이 모여있는 차이나타운으로 찾아갔다. 장성향에서 영화에 등장했던 군만두를 맛보았는데, 그런 엄청난 크기의 군만두는 처음 보았다. 이후 서울 명동의 일품향에서 맛보았던 만두도 컸지만, 장성향의 것에는 미치지 못했다. 종일 아무것도 먹지 못하고 만두만 맛보았기에 중앙동으로 이동해 노포 선술집에서 두부 정식과 록빈(녹두빈대떡)에 간단히 한잔했다. 좋은 기분으로, 가까운 용두산공원 전망대에 올라가 보았다. 용 조형물도 있고, 역시 비둘기와 노인이 많다. 둘은 때때로 닮아 보인다. 우리나라에도 밝은 옷을 입은 행복한 표정의 노인이 많아지면 좋겠다고 문득 생각했다. 약속 시간이 되어 식당으로 가니 직영점 대표님들과 본사 부장님이 와계셨고, 함께 두어 시간 이야기를 나누며 송년회라는 이름으로 술자리를 가졌다. 자리를 옮겨 한잔 더 한 뒤 예약된 숙소에서 하룻밤을 묵었다. 이런 모임이 늘 그렇듯, 아주 즐겁지도 불편하지도 않은 그런 모임, 그런 하루.

다음 날 아침, 업계에서 '맛집을 잘 안다'고 소문난 내게 해장할 곳을 정하는 특권이 주어져서, 곧 부용동 노포 완당집으로 안내했다. 사실 중국집이 아닌 경우에는 오래 고심하지 않는 편. 어쨌건, 우리는 발국수와 김초밥, 완당으로 아침 식사를 하고 상경하기 위해 부산 역으로 향했다. 하지만, 문득 부산까지 왔는데 그냥 돌아가기 아쉬워졌다. 일행을 배웅하고, 혼자 남산동으로 향했다. 가까운 곳에 고속버스 터미널도 있으며 궁금했던 중국집 양자강이 그곳에 있기 때문이다. 양자강은 노부부와 따님이 함께 운영하는 화상 중식당이다. 적접 만든 군만두가 오후만 되면 매진되어 맛볼 수 없는 일이 빈번하다고 해서 서둘러 찾아갔다. 남산 역에서 도보로 500미터쯤 걸어가니 붉은색 간판이 나를 맞이했고, 스쿠터 1대가 앞에 보였으나 배달은 하지 않는 듯했다. 중국집 간판은 붉은색이 유난히 많은데, 중국인이 붉은색을 길하게 여기고, 좋아해서일 테다. 마치 우리나라 사람들이 흰색을 좋아해서 도로 위 자동차 절반이 흰색인 것과 비슷하다. 부근에 병원이 있어 그런지 의사 몇 분이 식사하고 있었고, 나는 방으로 들어가 군만두와 볶음밥을 주문했다. 다행히 군만두가 매진되지 않았으며 반찬으로 김치와 단무지, 양파 그리고 만두용 간장이 나왔는데, 식초와 고춧가루를 넣은 채로 나와 독특하다고 생각했다. 손님의 취향은 고려하지 않는 듯. 군만두가 곧이어 나왔고, 10개가 한 접시. 꽃 모양으로 가지런히 펼쳐놓았다. 비교적 가늘고 기다란 모양의 만두를 구운 듯 튀겨내 먹음직스럽게 보인다. 대구의 찐교스가 연상되는 만두 모습. 찐만두로 먹어도 좋지 않을까? 어디 한번 먹어볼까. 기분 좋게 감도는 기름이 입술에 묻고, 바삭함과 함께 고기 향이 슬슬 올라온다. 속은 야채보다 돼지고기로 가득 채웠다. 하지만, 잡내 없이 잘 빚은 만두다. 고소한 만두피와 담백한 소가 잘 어울리는 군만두로 그동안 경험했던 만두 중에 열 손가락 안에 들어가는, 취향에 잘 맞는 양자강 군만두다. 훗날 서울 역촌동 장가구에서 비슷한 모양의 군만두를 보았지만, 소가 부추와 당면이라 맛은 많이 달랐다. 물론, 장가구의 군만두도 상당히 매력적이다.

이어서 등장한 볶음밥은 야채와 돼지고기를 잘게 썰어 사용했고, 반숙으로 튀겨낸 달걀프라이를 올렸다. 한켠에 곁들인 짜장 소스는 특이하게 건더기가 거의 없는 검은 액체 상태, 짜장면을 주문하지 않아 다행이다. 중국인들의 주식이라 해도 과언이 아닌 달걀볶음밥에 우리식으로 돼지고기와 야채를 썰어 넣었으니 화상 중식당에서 볶음밥은 실패할 확률이 낮다. 그런 이유로 첫 방문이라면 볶음밥을 맛보는 것이 습관이 되어버렸다. 볶음밥만큼은 누구보다 자주 먹는다고 자부하고, 달걀국이 아닌 짬뽕 국물을 곁들여 주는 곳이면 늘 볶음밥을 국물에 말아 먹는 것도 습관이다. 양자강도 짬뽕 국물이 나왔으니 뜨겁게 맛보고, 중간에 말아 먹는다.

양자강

부산 남산동

맛있는 점심 식사와 반주를 하고, 돌아가는 고속버스를 타니 나른함에 잠이 솔솔 온다. 조금 허전했던 기분도 채워진다.

양자강

피아노 조율은 현의 장력을 가감하여 음률을 맞추는 일로, 음악적, 수학적 과정을 통해 작업한다. 그 외에도 피아노의 거의 모든 것을 이해해야 하기에 숙련되기까지는 시간이 꽤 걸린다. 이 일을 하며 오랜 세월 반복적인 생활을 하다 보니 고객과 인연 또한 길게 이어지는 경우가 많다. 피아노라는 악기가 존재적으로나 물질적으로나 무게감이 꽤 있어서 한 번 사면 오래 쓰기에, 조율사와의 인연도 자연히 그렇게 오래 간다. 15년 전쯤 처음 방문해 주기적으로 조율을 해주던 광명시 어느 집의 꼬마 아이가 한동안 연락 없더니 문득 전화가 왔다. 그 아이는 이제 어엿한 성인으로 유치원 교사가 되어 있었다. 이사를 해서 연락이 끊겼다가, 본인이 근무하는 평택의 유치원 피아노 조율을 의뢰한 것. 인천에서 평택까지는 차를 몰고 가면 대략 1시간. 길이 멀지 않았고, 학원생들 하원 시간이 임박한 오후 3시쯤 도착했다. 예전의 그 꼬마 아가씨는 보이지 않았고, 늠름하고 아리따운 선생님이 꾸벅, 인사를 하며 맞아주는데, 나도 모르게 함께 머리 숙여 인사했다. 어색함이 잠시 찾아왔으나 예전 이야기를 주고받았더니 금세 친근감이 생겼다. 부모님과 함께 평택으로 온 지 벌써 7년이나 되었단다. 저 사람은 저렇게 어른이 되었는데, 나는 그동안 어떻게 살았을까. 웃으며 대화를 나누면서도 이런저런 생각이 스쳤다. 나는 잘 살았을까. 잘 산다는 것은 뭘까. 나는 어떻게 변해온 걸까. 여하튼 시간은 참 빠르다.

어쿠스틱 피아노가 2대, 디지털 피아노가 2대이며 각 교실마다 하나씩 놓여있다. 그 가운데 작업할 피아노는 2대. 먼저 2층 교실부터. 영창의 U131 모델로 검은색인데, 건반을 누르며 확인해보니 몇 개가 심하게 음이 내려가 있다. 이는 현을 교체한 뒤의 후유증이다. 음을 다시 정상으로 올린 뒤 다른 피아노를 보러 간다. 1층 교실의 피아노는 80년대 초반에 제작된 삼익악기의 호루겔 피아노. 역시 테스트 연주를 해보니 심상치 않음을 느꼈고, 상당수의 튜닝 핀 tuning pin이 헐거워져 삐져나와 있다. 피아노는 이 튜닝 핀을 돌려 조율한다. 워낙 빡빡해서 힘이 많이 드는 동시에 살짝만 움직여도 음이 크게 변해서 섬세한 집중이 필요하다. 여하튼, 튜닝 핀이 이러면 조율이고 뭐고 할 수 없다. 기타의 줄감개가 헛도는 모습과 비슷하달까. 너무 헐거우면 큰 치수의 핀으로 교체해야 하지만, 대부분 망치로 살짝 박으면 해결된다. 피아노에 망치질을 하니 놀라는 선생님들, 이유를 설명하니 고개를 끄덕이신다.

2시간 넘게 몰두해 작업을 마치니 어느새 저녁. 평택에는 화교가 운영하는 중국집이 많으니 저녁을 먹고 가기로 마음먹었다. 서정동에 있는 쌍흥원도 그중 한 곳. 평택이나 군산, 인천처럼 서해안의 항구 도시에 화상 중국집이 많은 이유는 산둥반도와 지리적으로 가까워 배편으로 이주해온 화상이 많기 때문이다. 그 후손들이 뒤를 이어 지금까지 식당을 운영하고 있다.

쌍흥원

튜닝 핀의 모습. 튼튼한 강철 피으로, 핸들 이 핀에 걸어서 고정시킨다.

쌍흥원은 1961년에 개업했으니 무려 60년 가까이 영업해왔고, 연세가 지긋한 사장님의 할아버지도 한국으로 이주해 식당을 하셨다 하니, 그때부터 계산하면 100년이 넘는다. 유난히 짬뽕이 유명한 평택. 아마도 바닷가 가까워 신선한 해산물을 쉽게 구할 수 있어서 그렇지 않을까, 하는 생각에 짬뽕으로 주문했다. 곧, 주방에서 들려오는 반가운 소리, 야채를 써는 칼과 도마의 규칙적인 소리 후 웍에 야채를 볶는 소리가 들리지 않는가? 대부분 중국집에서 미리 만들어놓은 짬뽕 국물을 면에 부어주는 게 일반적이라서 이른 시간이 아니면 짬뽕을 거의 먹지 않는데, 여기는 주문을 받고 바로 야채를 볶아 국물을 만들어내니 음식값이 매우 저렴하게 느껴지고, 점점 기대되기 시작한다. 15분 후쯤 받아본 짬뽕의 모습은 양파, 주키니와 오징어 등 해산물이 들어갔으며 노란색 멜라민 용기가 붉은 국물, 하얀 면과 잘 어울린다. 그릇에는 상호와 함께 영업을 시작했던 1961년이라는 글씨가 인쇄되어있다. 1961년이라, 저분들은, 저 가족은 잘살아왔을까. 어떤 일들을 겪었을까. 평생 한 가지 일을 하고, 그것을 자식에게 가르쳐 자식도 같은 일을 평생 하고, 지겹지 않았을까? 나도 평생 한 가지만 해오고 있긴 하지만, 모르겠다. 일단 불기 전에 먹자.

경기도 평택

쌍흥원의 짬뽕은 생 채소를 바로 썰어 조리하니 식감이 아삭하게 살아있고, 그것에서 뿜어 나오는 달달한 채수가 좋으니 조미료의 사용을 덜 할 수밖에 없는 좋은 음식이다. 면발은 기계면이지만, 적당히 가늘고 약간의 탄력이 있어서 국물이 잘 스며들기에 짬뽕 면으로 적합하다. 오징어도 건져 먹으며 젓가락질을 바쁘게 할 수밖에 없는 맛있는 짬뽕. 매운맛이 강해서 단무지도 곁들여 먹으며 이마에 맺히는 땀을 닦았고, 기름지지 않은 개운한 국물을 마시며 마무리했다. 식사할 때, 특히 뜨겁거나 매운 음식을 먹을 때 유독 아저씨만 땀을 많이 흘린다던데, 정말일까. 그렇다면 이유는 무엇일까. 갑자기 궁금하다. 아, 오늘은 생각이 많은 날이네. 어쨌건 '완짬'. 싹 비우고 나니 뭔가 개운하다. 거리 풍경이 눈에 들어오고, 머릿속에 잡다한 것이 비었다. 대를 이어 음식을 만드는 평택의 중식당 사람들. 그들이 앞으로도 계속 이렇게 맛있는 음식을 만들어주길 바라본다.

경기도 평택

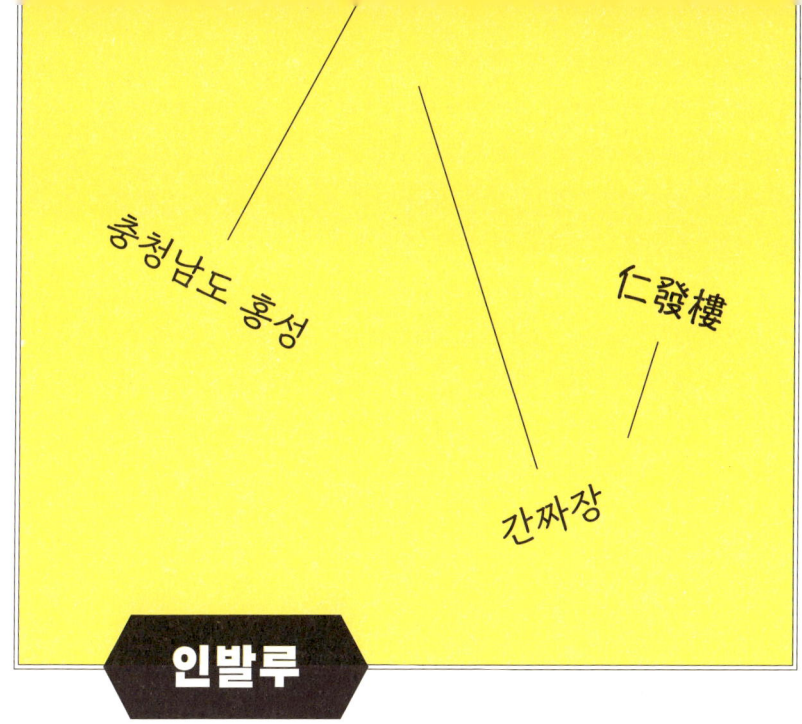

백화점 피아노 매장에 근무하다 보면 간혹 피아노를 교회에 기증하는 일을 종종 볼 수 있다. 주로 개척 교회 목사님과 친분이 있거나 친척인 경우가 많다. 교회에서 피아노는 매우 큰 의미를 가지며 그곳의 시작과 역사를 함께하기도 한다. 어느 고객이 홍성의 교회에 기증한 피아노를 배송 후 조율하러 가는 날, 유난히 가슴이 설레는데, 그 이유는 많이 알려지지 않았지만, 40년 역사를 자랑하는 시골 중국집 때문이다. 그 집 간짜장 맛이 좋다는 얘기를 들었다. 이런 출장길이 즐거운 까닭은 일을 마친 후, 그 지역의 중국집에서 밥 먹는 즐거움이 '확실하게' 기다리고 있기 때문이다. 요즘에는 소확행이니 하며 마치 새로 나온 즐거움인 양 말들을 하지만, 사실 그런 작은, 생활 속 기쁨은 늘 있었다. 그런 게 없었다면 인류는 오래 전에 스트레스로 멸망했을지 모른다.

조금 이른 시간에 도착해서 간단히 커피 한 잔 마시고, 무거운 공구 가방을 자동차 트렁크에서 내려 들어가는 예배당은 언제나 경건한 마음을 갖게 한다. 이런 감정은 공간이 사람에게 주는 어떤 기운 같은 것일까. 아니면 '교회', '성당', '절' 같은 이름에 담긴 종교의 아우라 때문일까. 모르겠지만, 마음이 편안해질 때가 종종 있다.

조율할 피아노는 영창 Y121R2로 밤색 계열의 강대상과 잘 어울리고, 디자인도 세련되어 많이 구매하는 모델이다. 기증하는 분이 피아노를 고를 때 매우 신중했던 모습이 떠올라 정성스럽게 조율을 마쳤다. 사택에 있는 오래된 피아노 또한 부탁하셔서 바로 옆 건물로 가서 살펴보니, 심상치 않음을 느꼈다. 건반이 연타가 되지 않았다. 케이스를 열어 액션(건반부터 현까지 이어진 타현 장치를 통틀어 일컫는 말)을 점검해보니 생쥐가 둥지를 틀었던 흔적이 보였고, 이미 다른 곳으로 이사 갔지만, 브라이들 테이프를 먹어치웠다. 그래서 건반을 눌렀을 때 해머가 자력으로 돌아오지 못하는 현상이 발생. 건반이 연속해서 눌러지지 않았으며 작업 시간이 길어질 것으로 예상되었다.

건반을 누르면 해머가 전진해 줄을 때려 소리를 낸다. 건반에서 손을 땔 때엔 해머가 되돌아오도록, 브라이들 테이프가 당겨주는 역할을 한다.

충청남도 홍성

다행히 절반가량만 끊어져 있어서 공구 가방에 남아 있던 브라이들 테이프로 작업할 수 있었다. 액션을 탈착해 거꾸로 놓아두고, 목공용 접착제로 테이프를 붙이는 작업을 1시간 동안 했다. 종종 시골에서 볼 수 있는 현상이라 재발 방지를 위해 서생원들이 드나드는 페달 쪽 구멍을 헌 옷을 잘라 뭉쳐서 막아버렸다. 조율도 한 지 오래된 듯 피치가 너무 많이 내려가 있었는데, 도시와 다르게 피아노의 정기적인 관리가 어려울 수 있어 이해는 가지만, 이런 경우 나중에 비용 부담도 커지고, 최적의 상태로 만드는 데 어려움이 많으니 사용량과 관계없이 정기적으로 점검을 받는 것이 매우 중요하다.

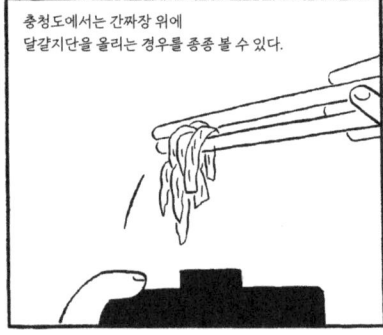

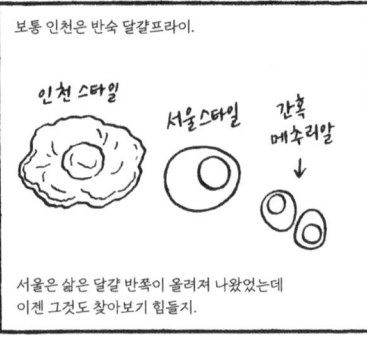

충청남도 홍성

주기적으로 피아노 조율을 해드리는 고객 중 일부는 가끔 다른 분을
소개하기도 하는데, 전원주택을 지어 제천으로 이사한 친구를 소개하며
출장 갈 수 있는지 묻는 전화가 왔다. 나야 마다할 리가 전혀 없다.
덕분에 제천의 궁금했던 식당을 들를 수 있는 기회이고, 게다가 경비까지
벌 수 있으니 출장을 빙자한 먹거리 여행이 된다. 제천에는 오래된
중국집이 몇 있으며 영강춘이나 해동반점, 송학반장이 해당하는데,
이번 출장길에는 송학반장의 왕만두를 맛보려는 계획을 세우고 제천으로
향했다. 우선, 조율하러 가는 곳은 제천 시내 외곽에 새로 조성되는
전원주택 단지. 가다 보니 내비게이션이 이상한 길로 안내하더니 느닷없이
비포장도로로 진입, 이상한 기분이 들어 의뢰인에게 전화를 해보니

안 된다. 한참 만에 통화가 되어 물으니 단지 조성 중이라 도로가 아직
포장되지 않아 그렇다고 한다. 안내받은 대로 산길로 들어서니
건축 중인 주택들이 몇몇 보이기 시작해 안도감이 들었다. 하얀색 이층집이
목적지였고, 들어서니 의뢰인이 반갑게 맞아주셨다. 아이들 방이 있는
2층으로 올라갔더니 나를 기다리는 영창피아노 E118CI. 오랫동안
사용하지 않았다고 한다. 1989년식이지만, 몇 가지 수리하고, 조율하면
사용하는 데 문제가 없을 듯해 보였다. 당시 영창의 베스트셀러이자
광고에 등장했던 모델이고, 한때 우리 집에도 있던 피아노다. 액션을
살피며 몇 가지 조정을 마쳤고, 조율을 시작하는데, 음이 너무 많이
내려가 있었다. 정상 높이까지 한 번에 맞추기 어려울 듯해 서둘러 대략
맞춘 후, 천천히 다시 조율을 했는데, 이상하게 잘 맞지 않아 시간이 꽤 오래
걸렸다. 의뢰인의 집을 나서며 다시 드는 생각, 아, 오늘 뭔가 찜찜하다.
하지만, 인천에서부터 목표로 했던 노포 중식당 송학반장으로 차를 몰았다.

붉은 벽돌 2층 건물의 송학반장은 송학반점이라고 부르기도 한다.
돼지갈비라는 탕수육과 비슷하지만, 갈비 부분을 사용하는 독특한 메뉴가
유명하다. 그러나 나는 이 집의 만두가 궁금했다.

이상하게 배가 많이 고프지 않아 왕만두만 주문했다. 친절해 보이는
주인할머니가 깍두기와 단무지, 양파를 찬으로 내어주셨다. 나는 깍두기
주는 중국집이 마음에 든다. 직접 제작한 나무젓가락이 숟가락과 함께
수저통에 꽂혀 있는데, 상호가 인쇄된 종이를 찢어야만 젓가락이 나온다.
요즘 매우 보기 힘든 포장 형태다. 만두는 직접 빚어서 나오는 모양인지
꽤 오랜 시간이 흘렀고, 주인할머니가 달걀국 한 그릇을 슬며시 테이블에
놓고 가셔서 만두가 나오기 전 맛보며 기다렸다. 고작 만두 한 접시
주문했는데, 달걀국을 주셔서 고맙다는 인사도 잊지 않았다. 잠시 후
등장한 왕만두는 한 접시에 4개였고, 크기가 주먹보다 크니 남기지 않을까,
걱정되었다. 만두는 반달 모양의 교자만두와 공 모양의 포자만두로
나눌 수 있으며 나는 발효 숙성 반죽을 피로 쓰는 포자만두를 더 좋아한다.

따끈한 만두를 손으로 쥐어보니 벌써 포만감이 온다. 포실한 피에서 나는 발효 냄새가 좋아서 만두에 코를 대고 킁킁대니 주인할머니가 이상한 눈으로 쳐다보았고, 이 만두 맛보러 인천에서 왔다고 말씀드리니 크게 웃으시며 고맙다고 하셨다. 만두를 두 손으로 쥐고 가르니 나타난 소의 모습은 돼지고기를 갈은 게 아니라 칼로 투박하게 썰어 넣었고, 부추가

함께 들어가 식감도 향도 매우 좋은 만두다. 약간의 당면과 채소도 들어있어 입안이 재미있다. 순식간에 1개를 먹어치웠으며 지금까지 먹었던 만두 중 상위권에 든다. 육즙이 많이 나오지는 않는데, 괜찮다. 요즘처럼 육즙에만 지나치게 집착하는 흐름도 그리 좋은 것 같지는 않다. 소롱포 같은 만두에는 육즙이 나와야 참 맛있지만, 약간 건조하고 포슬포슬한 우리나라식 만두는 또 다른 맛이 있으니까. 육즙이 나오냐 마냐보다는 피와 속과 육즙, 향, 식감 등의 조화가 만두의 맛을 좌우한다.

처음 만두를 보고는 남길까 봐 걱정했지만, 남김없이 다 먹었다. 맛있으니까. 군만두도 한 접시 맛볼까, 잠시 망설였지만, 배가 불러 다음 기회로 미루었다. 휴, 그나저나 오늘 집에 무사히 갈 수 있을까. 더 어두워지기 전에 출발.

송학반장

충청북도 제천

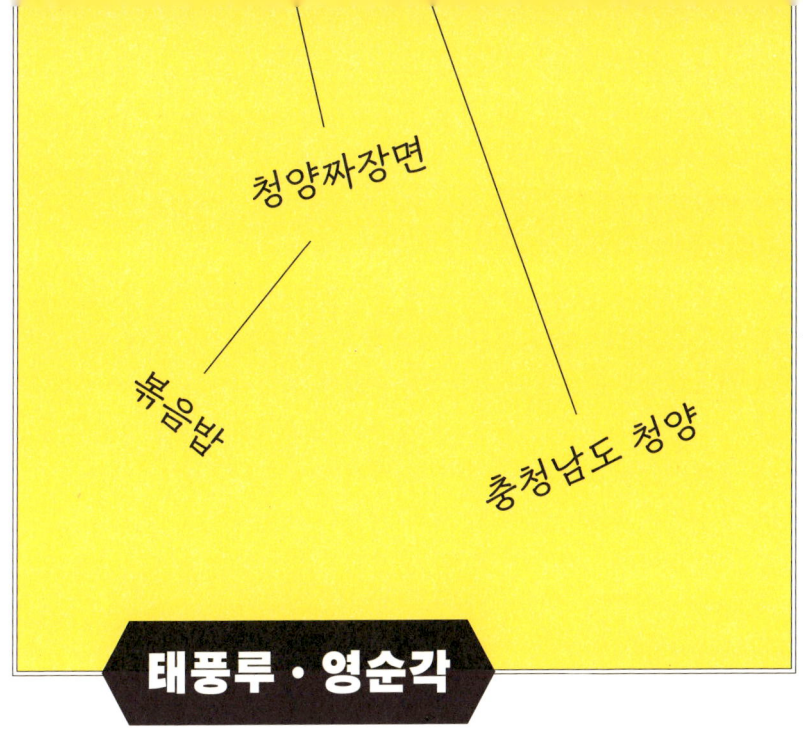

태풍루 · 영순각

과도한 업무 스트레스가 생기면 나는 새로운 중식당을 찾아 나서는 것으로 해소한다. 사람마다 방법은 다르겠지만, '해소'가 중요하다. 늦겨울 아침 한파에 몸이 움츠러들지만, 인천 터미널에서 청양으로 가는 버스를 탄다. 터미널에 자주 오다 보니 매표소 아가씨도 이제 나를 알아보는 눈치다. 많이 알려지지 않았지만, 청양에는 내공 있는 중식당이 두 곳 있다. 청양고추를 넣어 만드는 짜장면의 태풍루와 50여 년 역사의 영순각.

2시간쯤 달려 도착한 청양 터미널. 길 건너 중식당이 먼저 눈에 띄었고, 그곳이 바로 태풍루이다. 화교가 운영하는 집이며 1975년에 개업했으니 적지 않은 세월 동안 음식을 만들고 있고, 지역 주민들의 외식 장소로

태풍루

많이 이용되었을 듯하다. 지역 특산물인 청양고추를 써서 짜장면과
짬뽕을 만드는 식당이다. 따님으로 보이는 분의 친절한 응대로 나의
첫 번째 식사는 시작되었다. 8천 원짜리 청양짜장면으로 주문하고,
따끈한 둥굴레차를 마시며 음식을 기다린다. 단무지와 양파는
늘 반찬으로 나오지만, 밥이 아닌 면을 주문했음에도 내어주는
직접 담근 배추김치. 한식집과는 달리 중국집에는 특별한 반찬이랄 게
없다 보니 무척 감사하다. 잠시 기다려 받은 매운 짜장면은 간짜장처럼
면과 소스가 별도로 나왔고, 가느다란 면발 위로 오이채가 올려져 있다.
바로 볶아 나온 짜장 소스는 고소한 냄새와 함께 은근히 매운 향이 나고,
잘 손질된 오징어와 새우가 들어있다. 태풍루의 면은 반죽에 아무것도
첨가하지 않은 듯해서 쉽게 불어버릴 수 있다. 이런 면은 빨리 먹는 게
좋다. 매운맛이 도드라지지 않지만, 은근히 이마에 땀이 맺히고, 해물을
많이 넣어 재료를 아끼지 않으니 8천 원이라는 가격이 수긍된다.
뒤늦게 발견한 게맛살, 김밥 재료로 많이 사용하지만, 짜장면에
들어가는 것은 처음 본다. 없어도 될 것 같긴 하지만.

태풍이 꿈어친 것 같은 외관의 태풍루.

충청남도 청양

청양을 대표하는 태풍루의 짜장면. 기분 좋은 매운맛과 잘 끊어지는 면발의 밸런스가 좋으며 지역의 농산물을 음식에 사용하는 특별한 음식이다. 식사를 마치고 나오면서 흐뭇한 마음으로 좋아하는 중국집 순위 윗부분 언저리에 슬쩍 올린다.

태풍루

소화를 시킬 겸 천천히 걸으며 읍내 시장 구경을 잠시 하다가
다시 청양교 쪽으로 걷는다. 50여 년 역사의 화상 중식당 영순각으로
가는 길은 천천히 걸어 5분쯤 걸렸고, 오래된 건물에 빨간색 나무 간판이
세로로 걸려있는 모습에 벌써 가슴이 설렌다. 문을 열고 들어가니
노부부가 반겨 주셨고, 점심시간이 지났는데도 여전히 손님이 많다.
식당 한가운데 난로 위에 주전자가 올려져 있으며 그것에서 따라온 엽차를
한 잔 받으면서 볶음밥을 주문했다. 계산대에는 안경을 끼고 백발이
성성한 할아버지가 앉아 신문을 보시고, 할머니는 서빙을, 아마도 주방에는
자손들이 있을 것으로 추측된다. 이 풍경, 난로며 수증기며 신문이며
사람들. 마음이 편안해진다.

주방에서 요란한 소리가 난 후 동그란 접시에, 동그란 모양으로 나온
볶음밥. 수분기를 잘 날린 볶음밥 위로 반숙 달걀프라이가 올려져 있으며
한켠에 짜장 소스도 적당한 양으로 자리한다. 국물은 뜨겁게 다시 끓여
나온 짬뽕인데, 미지근한 국을 싫어하기에 반가웠다. 볶음밥에 딸려
나오는 짬뽕 국물은 그 집의 짬뽕 맛을 어느 정도 예상할 수 있어서
참 좋다. 일거양득. 짜장 소스도 나오니 볶음밥은 일타삼피. 내가 처음
방문하는 중국집에서 볶음밥을 가장 먼저 맛보는 이유 가운데 하나다.
볶음밥을 대할 때 순서는 국물을 맛보고, 곧장 반숙 달걀프라이를 터뜨려
밥과 함께 비벼 먹는다. 달걀은 식으면 비리기 때문에 밥이 뜨거울 때
함께 먹어야 녹진한 맛을 제대로 느낄 수 있다. 고슬고슬거리는 볶음밥.
센 불에 국자로 눌러가며 볶았으니 맛이 없을 수 없고, 볶음밥을 거의
주식으로 먹는 중국 사람이니 화교 중식당에서 실패할 확률이 적은
편이다. 곁들여지는 짜장 소스를 볶음밥에 살짝 발라 맛보니 짠맛이
도드라진다. 볶음밥의 짜장 소스가 짜면 솔직히 조금 부담스럽다.
마구 비빌 수 없지. 물론, 나는 식성 상 짜거나 말거나 잘 비벼 먹지 않지만.
항상 그렇듯이 마지막에 볶음밥을 짬뽕 국물에 조금 말아서 맛보는
특이한 식성 탓에 이번에도 두어 숟가락 분량을 국물에 말아 먹었다.

식사를 마치고 맛있게 잘 먹었다는 인사를 드리고 나와 터미널로 향했다. 좋은 여행이었네, 청양. 버스 시간이 남아서 대기실에서 잠시 졸았다. 어휴, 중화요리를 먹으면 왜 이렇게 졸릴까.

영순각

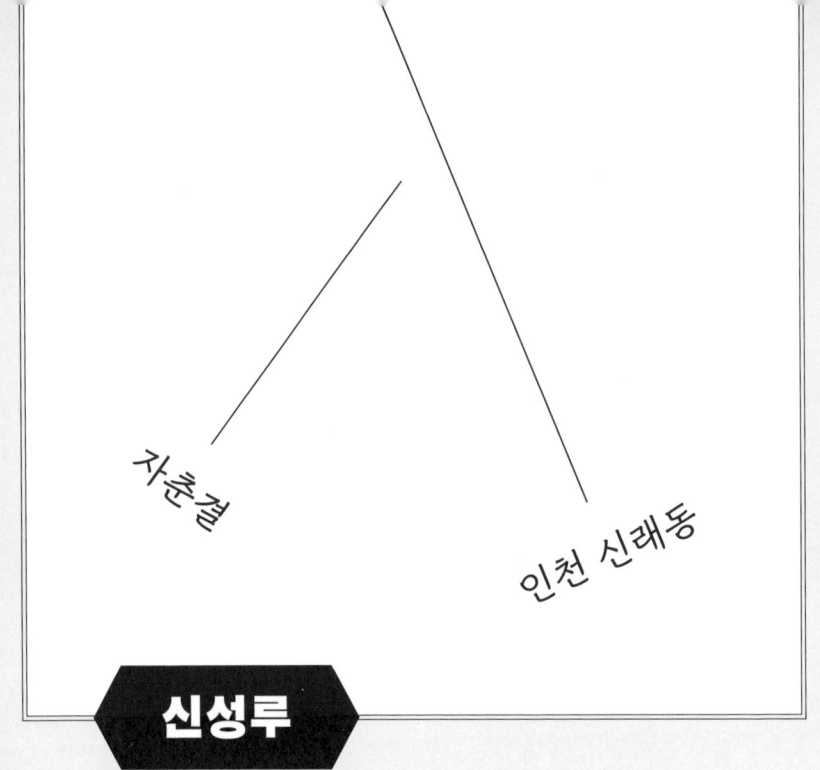

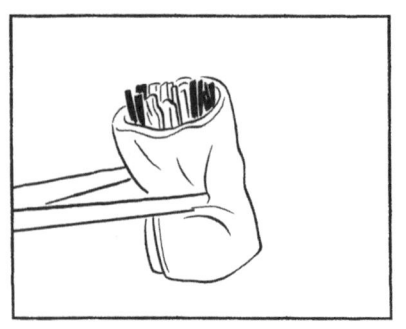

인천 신래동

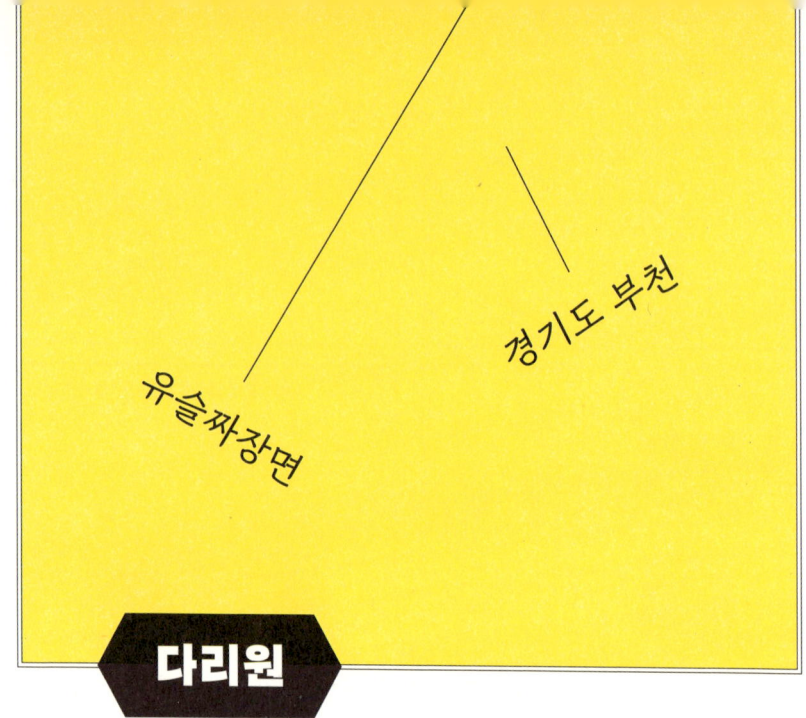

요즘 티브이를 보면 이런저런 공개 오디션 프로그램이 참 많다. 아이들에게 가수의 길을 열어주는 것처럼 보인다. 그런 프로그램들을 보고 있으면, 모든 청소년의 꿈이 연예인인 것처럼 느껴질 만큼 세상이 작게 느껴지지만, 물론 그렇지는 않겠지. 어쨌든 이런 흐름 때문인지 실용음악 학원을 찾는 아이들이 부쩍 늘어났다. 실용음악 학원에도 피아노가 꽤 있다. 부천에서 15년을 근무했었기에 몇몇 원장님과 지금도 왕래를 하는데, 어떤 분이 그중 한 분에게 소개받았다며 피아노 조율을 의뢰했다. 이른 아침, 부천으로 출발.

골목길에 주차하고, 학원이 있는 6층으로 올라가니 젊은 남자 원장님과 커다란 개가 맞이해주는데, 하얀 털이 무척 많은 울리코트 허스키다. 덩치가 무척 큰 녀석인데, 하는 짓은 꼭 아이 같다. 업라이트 피아노가 4대 있고, 새벽 시간 외에는 늘 학생들이 연습하는 터라 사용량이 많아서 상태가 좋아 보이지 않는다. 2대는 음이 매우 내려가 있으며 다른 2대는 페달이 작동하지 않아 작업이 까다로운 상황. 피아노 아래쪽 케이스를 열어보니 페달을 고정하는 나사들이 풀어져 있다. 정장을 입었지만, 바닥에 주저앉아 복잡한 페달 장치를 새로 조립했다. 그리고 천천히 1대씩 조율하며 작업을 마쳤다. 완성된 피아노의 상태를 확인하고 흡족해하는 원장님과 차 한잔 마시며 학원 경영과 악기 레슨 등 여러 가지 이야기를 잠시 나누었다. 다른 일을 해본 적 없는 나로서는 이 시간이 즐겁다. 내가 모르는, 아는 듯하지만 경험해보지 못한 세계를 아주 짧게 들여다보는 느낌. 이야기를 나누다 보니 이상하게 배가 고프다. 겪어보지 못한 것에 대한 정신적 허기인가. 아니네, 점심시간이 훨씬 지났네. 부천은 웬만한 식당 위치를 대체로 알지만, 오늘처럼 쌀쌀해서 속을 채우고 싶을 때는 바로 여기지.

다리원

삼정동에 자리하는 다리원이 오늘 점심 먹을 곳인데, 화교가 운영하는 중식당으로 부천에서 노포에 속하는 집이다. 중동에서 삼정동은 차로 10분 거리, 다리원 앞에 노상 주차장이 있으니 주차를 하고 들어간다. 오랜만에 다시 찾았군. 중국풍 장식들이 걸려있고, 이미 점심시간이 지났기에 손님은 나 혼자, 재스민차 한 잔을 받는다. 오늘 생각나는 메뉴는 유슬짜장면. 요즘에는 조금 생소할 수 있는 유슬짜장은 한자로 肉絲인데, 즉, 고기를 가늘고 길게 썰어 넣는 짜장면이다. 고기를 잘게 다져 넣는 유니짜장과는 다른 모양이다. 주문하니 스테인리스 그릇에 단무지와 양파, 춘장을 내어준다. 10여 분쯤 기다리니 등장한 유슬짜장면은 마치 볶음짜장이나 쟁반짜장의 모습을 하고 있지만, 다리원만의 개성 있는 음식이다. 조리법이 독특하고, 중화면과 짜장 소스를 함께 볶아내니 뜨겁게 맛볼 수 있는 별미. 온기 때문에 냄새는 더 식욕을 느끼게 하고, 면과 어우러진 부추, 양파가 거뭇한 소스와 함께 섞여 있으며 향신료가 코끝을 자극한다. 볶아 나왔으니 섞을 일 없고, 크게 한 젓가락 떠서

경기도 부천

입으로 후, 불며 맛보는 다리원의
짜장면은 부천에서 내가 가장 좋아하는
음식이다. 돼지고기를 그다지 길게
썰어 넣지는 않았지만, 육향과 더불어 약간의
매운맛이 느껴져 입안에 감칠맛이 돈다.

다리원

인천에서 처음 만들어진 짜장면은 지금처럼 공장에서 만든 까만 춘장이 아니었기에 콩을 발효시킨 황장의 형태로 다진 고기와 함께 면에 비벼 먹었던 것이 유래다. 중국집 수가 늘면서 자연스럽게 춘장을 제조하는 공장이 생겼고, 감자를 투박하게 썰어 넣은 짜장면이 번성했다. 소위 '옛날짜장'이라고 부르는 그것. 냉면과 더불어 짜장면 배달을 시작했던 1930년대, 목재 상자에 넣어 음식을 날랐고, 가정으로 전화가 보급되었던 1960년대에 중국집의 수가 급격히 증가했으며 지금은 그 수가 2만여 곳에 이른다. 이후 유니짜장 또는 육미짜장이라 불리는 다진 고기를 넣어 만든 짜장면, 물을 사용하지 않고 즉석에서 바로 야채와 함께 볶는 간짜장, 고기를 가늘고 길게 썰어 사용한 유슬짜장이 생겨났고, 이후, 매운 짜장으로 알려진 사천짜장이나 짬짜면 등 다양한 형태로 나타났다. 구수하고 약간의 매운맛 그리고 향신료의 기운을 느낄 수 있는 다리원의 유슬짜장을 맛있게 먹고, 주인아주머니께 '하오츠'라며 너스레를 떨면서 식당을 나서니 하얀 눈발이 날리기 시작한다. 이상하게, 맛있는 음식을 먹으면 가끔 너스레를 참기 어려울 때가 있다.

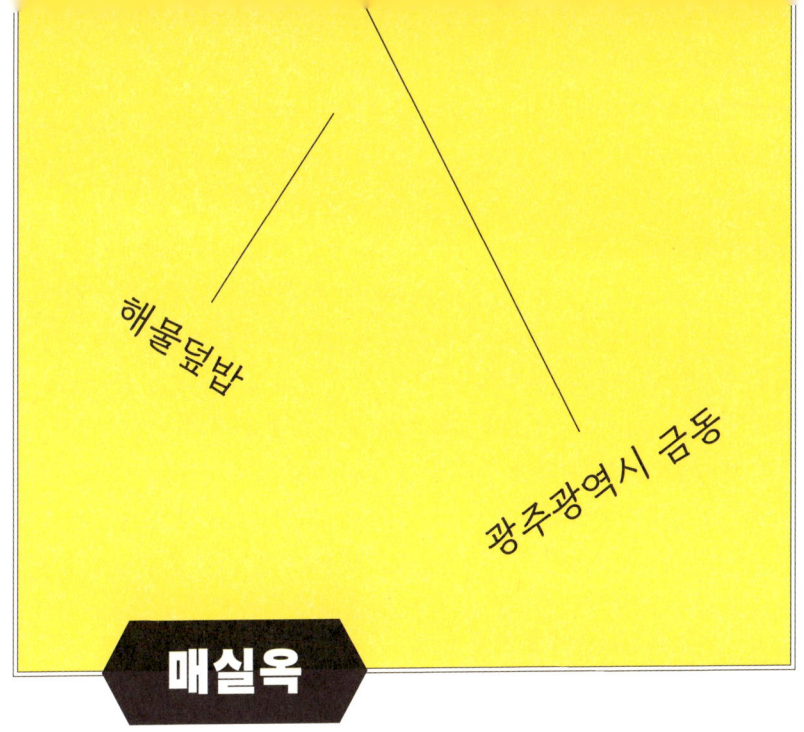

해물덮밥

광주광역시 금동

매실옥

광명 역으로 가는 버스 노선이 동네에 생겨 참 좋다. 광명 역에서 고속열차를 타면 어디든 금방 간다. 궁금했던 상추튀김을 맛보고, 알아둔 중국집에 들르려고 새벽 열차를 탔다. 광주송정 역까지 1시간 남짓, 편리한 세상이라 생각하며 시내로 들어가는 지하철에 몸을 싣고, 잠시 졸다 보니 어느덧 금남로5가 역. 무등분식이 아직 문을 열지 않아 골목길을 걷다가, 영업 시작과 동시에 들어가 상추튀김을 주문했다. 상추를 튀겨먹는 게 아니라 오징어나 야채 튀김을 상추에 싸 먹는 음식. 적은 양으로 부탁했다. 오늘 먹을 게 많다. 곧, 친절한 아주머니가 상추 한 접시와 단무지 그리고 튀김을 찍어 먹을 고추 간장, 동그란 모양의 튀김 한 접시와 국물을 함께 내어주셨다. 처음에는 튀김만 맛보았는데, 간이 되어 굳이 간장에 찍지 않았고, 간장에 들어간 매운 고추만 곁들여

튀김과 먹어도 맛있었다. 상추튀김을 맛보러 왔으니 상추에 튀김 2개와 고추, 양파를 넣어 싸 먹어보니 독특한 맛으로 마치 삼겹살을 상추에 싸 먹는 듯한 느낌과 비슷했다.

광주의 독특한 식문화를 먼저 경험하고, 궁금한 매실옥은 오후에 한가할 때 가보려고 금남로를 구경하다가 문득 발견한 곳이 화신모밀. 메밀국수를 좋아하니 들어갔다. 이 집에만 있다는 '마른 메밀'을 주문하고 잠시 기다리니 단무지와 갓장아찌, 적은 양의 쯔유와 메밀국수 한 덩이가 나왔다. 일본식 쯔유에 국수를 살짝 찍어 먹어도 좋으나 광주 스타일로 국수 위에 모두 부어버렸다. 국수를 잘 섞어 맛보니 좀 단단한 식감과 더불어 짠맛이 느껴졌으나 크게 불편하지는 않았다. 그동안 맛보았던 부드러운 국수를 쯔유에 말아서 먹는 것과 달랐으며 간이 센 메밀장에 쫄깃한 국수를 살짝 찍어 먹든지 국수 위에 메밀장을 부어서 먹어야 한다. 그리고, 이 갓장아찌, 참 감칠맛 난다.

적당한 양으로 식사를 마치고, 다시 골목길을 걸었다. 중간에 쇼핑몰에서 잠시 쉬며 커피도 한잔 마시고, 오늘의 목적지인 매실옥이 있는 인쇄 골목으로 향했다. 매실옥은 간판이 없다면 초행길에 아무도 찾을 수 없는 듯한 곳에 있다. 골목 안으로 들어가면 붉은 벽돌 건물의 식당이 나타난다. 맛볼 음식은 이미 정하고 왔으니 5천 원짜리 해물덮밥으로 주문. 반찬은 단무지와 양파 그리고 중국집에서 보기 어려운 직접 담근 김치가 나왔다.

15분쯤 기다려 받은 해물덮밥은 그야말로 총천연색. 화려한 색깔의 채소와 해산물을 전분과 굴 소스 등으로 조리해 밥 위에 올려 나왔다. 한쪽에는 어릴 적 중국집에서 흔히 보았던 가늘게 썬 양배추와 케첩, 마요네즈가 있다. 국물은 참기름 냄새 폴폴 나는 달걀국이 나왔으니, 5천 원이라는 밥값이 무척 저렴하게 느껴진다. 오징어와 낙지, 새우, 소라 등 신선한 해물과 붉은색과 파란색 피망, 대파, 양파, 목이 버섯, 당근이 들어가 매우 다채로운 색 조화를 이루어 화려하고 매우 먹음직스럽다.

광주광역시 금동

매실옥

걸쭉한 소스와 밥을 적당히 비벼 입안에 넣어보니 간이 잘 맞았고, 부드럽고 쫄깃한 해물의 식감과 아삭한 피망이 또한 다채롭게 잘 어우러진다. 커다란 낙지 다리가 보여 먹어보니 냉동이 아닌 생물 낙지. 5천 원에 대단하다. 재료를 무척 좋은 것으로 쓰는 집이다. 이럴 때면 굳이 복잡하고 물가 비싼 서울이나 인천 같은 곳에서 살 이유가 있을까, 하는 생각도 잠시 스친다.

이번에는 소스와 밥만 떠서 배추김치를 올려 맛보았는데, 김치 맛이 우리 집 것보다 더 맛있어 놀라웠고, 식당에서 내놓는 김치치고 매우 훌륭하다. 더 놀라운 것은 애호박과 전복이 들어간다는 점. 처음에는 소라라고 생각해 대수롭지 않게 여겼는데, 자세히 살펴보니 많지는 않지만, 전복이 들어있다. 소라도 물론 저렴한 식재료가 아니긴 하지만.

너무나 만족스럽고 훌륭한 요리 솜씨 덕분에 기분 좋게 식사를 마치고, 천천히 터미널로 갔다. 처음 타보는 프리미엄 버스. 독립적인 공간이 보장되고, 개인 티브이를 볼 수 있어서 의자를 뒤로 눕히고 화면을 보다가 푹 자고 일어나니 인천에 도착했다. 이 정도면 내게는 무척 호사스러운 여행이다.

광주광역시 금동

매실옥

오늘 같은 일요일에는 서둘러 출근한다. 평일에는 백화점 내 주차가 가능하지만, 주말에 직원들은 주차할 수 없으니 인근의 공영 주차장을 이용해야 한다. 재수가 좋으면 주택가 골목에 주차할 수도 있다. 개장 1시간 전부터 백화점은 돌아가기 시작하는데, 전달사항이 있으면 가끔 팀장님이나 파트 리더가 조회를 서기도 하지만, 오늘은 별일이 없는가 보다. Over The Rainbow 음악과 함께 개점 행사가 시작되고, 방송에 3개 국어로 환영한다는 인사가 나오면 영업 시작, 오늘은 어떤 고객이 매장을 찾을지 살짝 기대되는 순간이다. 주말에는 자리를 비울 수 없어 점심을 먹지 않는데, 벌써 20년 정도 된 습관이며 덕분에 체중 감량에 도움이 되는 듯하다.

예닐곱 팀의 손님과 상담 후 어느덧 퇴근 시간을 서너 시간 앞두고 있으니 허기짐이 찾아온다. 남들과 다르게 주 마감을 금요일이 아닌 일요일에 하다 보니 술자리도 자연스럽게 일요일에 많다. 배고픔을 참으며 퇴근 후 폭식과 폭음을 계획하던 중, 몇 해 전부터 맡아서 조율하는 부개동의 교회 반주자 선생님에게 전화가 왔다. 저녁 예배에 반주를 하던 중 휴대전화를 피아노 안에 빠트렸다는 것. 매장 근처에서 고깃집을 운영하는 민머리 후배와의 약속을 다음으로 미루고, 부개동으로 향한다. 조금 일찍 퇴근하고 교회에 도착했더니 반주자 선생님과 몇몇 분이 기다리고 계셨고, 본당으로 올라가 보니 그랜드 피아노다. 구조상 건반 뚜껑 위에 물건을 올려놓고 열면 건반 쪽으로 들어가 버리기 일쑤. 천천히 나사를 풀고 뚜껑을 떼어내니 건반 위로 휴대전화가 보였고, 바로 꺼내어 드렸다. 어차피 왔으니 몇 군데 음이 풀어진 곳을 조율했더니 벌써 9시가 되어가는 시간. 대부분 음식점은 문을 닫았을 테고, 박문로터리의 황허장이라는 중국집이 생각났다. 기사식당이라 밤 10시까지 영업한다. 중국집인데 기사식당이라고? 그렇다. 기사식당 중에도 중국집이 꽤 있다. 손님은 대부분 택시 기사님이고, 실제 가게 앞에는 늘 택시가 몇 대씩 주차되어있다. 부개동에서 송림동까지는 20분 거리니 서둘러 출발했고, 일요일 저녁이라 교통 체증 없이 일찍 도착했다. 바로 옆 건물에도 기사식당이 있으며 한식을 파는 집인데, 늘 자리가 없을 정도로 손님이 많지만, 난 중식당을 더 좋아하니 무조건 황허장으로. 이곳에서 20여 년간 영업하는 중년 부부가 매우 친절한 편이다. 영화 '해무'의 엔딩 장면을 촬영했던 곳이라고 안내 글이 벽에 붙어있으며 전에 간짜장을 맛있게 먹었으니 이번에는 짬뽕으로 주문했다.

짬뽕이 나오기 전 단무지와 양파를 앞에 둔 채 휴대전화로 이것저것 살펴보았고, 잠시 후 등장한 짬뽕은 멜라민 용기를 덮을 만큼 야채가 풍성하다. 대파와 양파, 호박 등의 야채와 오징어, 홍합살, 알 새우 등 해산물이 들어있으며 인천에서 가장 풍부한 맛의 채수를 느낄 수 있는 짬뽕이다. 늦은 시간이라 그런지 손님은 단 3명, 택시 기사님 두 분과

황허장

나, 중년의 피아노 조율사뿐인데 음식 사진을 찍고 있으니 힐끔거리며 쳐다보는 안주인과 눈이 마주쳐 그냥 미소를 지으며 표정으로 상황을 무마시켰다. 매번 이런 것을 일일이 설명하기는 피곤한 일이다. 요즘 젊은 층은 늘 사진을 찍을 텐데, 아저씨가 사진을 찍으면 유독 눈길을 받는 걸까. 그냥 그렇다는 이야기다. 또, 황허장의 다른 특징은 주류를 취급하지 않으며 반입도 되지 않는다는 점인데, 운전하는 기사님들을 위해서지만, 그만큼 일반 손님은 거의 없다는 뜻이기도 하다. 국물부터 한 번 들이키니 그 시원함이 표현하기 어려울 정도. 오징어와 새우를 좀 맛본 뒤 야채와 면을 크게 들어 올려 입안에 가득 채우니 행복해지며 허기짐과 종일 긴장했던 몸이 느슨해진다. 그 느낌이 곧 땀으로 나오며 스트레스가 날아가는 것 같다. 후루룩. 탄수화물 중독인 나는 면이라면 가리지 않지만, 이 집의 기계면은 적당히 탄력 있으면서 부드러워서 짜장면이나 짬뽕에 상당히 적합하다고 생각한다. 어느덧 황허장의 마감 시간이 다가오고, 식사도 마무리되어 짬뽕 한 그릇으로 하루를 정리하는 시간. 동네의 작은 식당. 손님을 배려하고 아끼는 마음이 엿보이는 곳이라 집으로 가는 동안 가슴이 훈훈하다. 하루는 이것으로 됐다.

인천 송림동

황허장

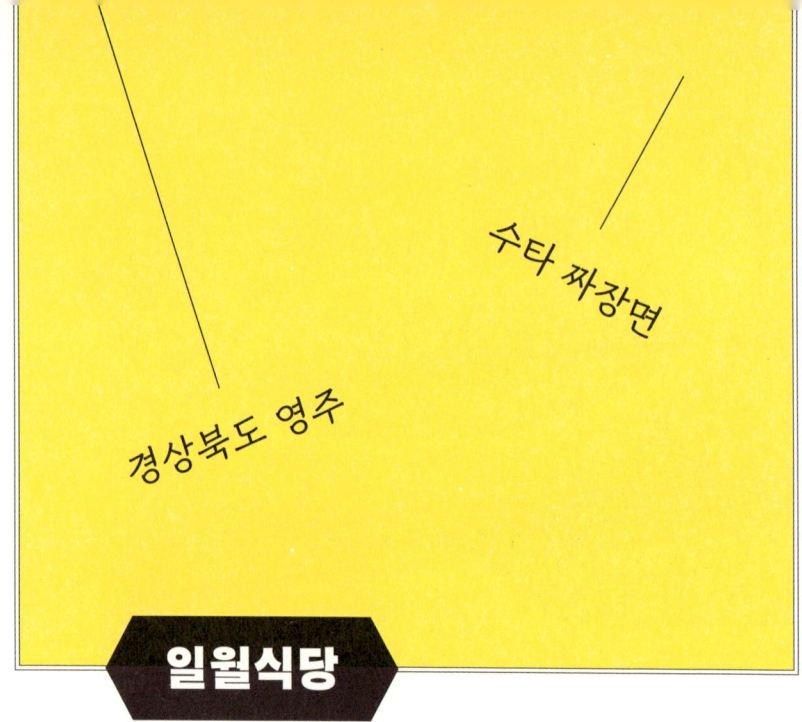

일월식당

지방에서 조율 의뢰가 종종 들어온다. 여행을 좋아하고, 중국집을 일부러 찾아다니는 터라 마다할 리 없다. 게다가 요즘같이 일자리 구하기 어려운 때에는 더욱 고마운 일이다. 이번에는 처가댁 근처 풍기로 출장을 가게 되었다. 뜰이 넓은 주택에서 만난 업라이트 피아노. 131형으로 큰 피아노다. 페달이 내려간 것이 보였고, 한동안 사용하지도 조율하지도 않은 듯 방치되어 있었다. 먼 길을 달려왔으니 잠시 따끈한 생강차 한 잔 마시며 작업 순서를 생각했다. 피아노 케이스를 열어 액션의 상태를 먼저 살펴보니, 현이 끊어진 곳이 있었으나 준비해 간 현이 있어 크게 걱정하지는 않았다. 페달을 확인하기 위해 아래 판을 열어보았고, 가운데 페달의 연결 부위인 턴 버클 turn buckle이 파손된 상태.

부품이 없어 매우 긴장되기 시작했다. 아, 역시 방심은 금물. 가운데 페달을 밟으면 머플러라는 가림막이 내려와 소리 크기를 줄여주는데, 턴 버클은 이 머플러와 페달을 이어주는 장치다. 파손되면 머플러가 내려가지 않는다. 섬세한 연주 시 소리 크기를 조절할 수 없게 된다.

페달과 연결된 턴 버클.

가운데 페달을 밟자 머플러가 내려와 음량을 줄이는 모습.

이렇게 예상 밖의 일이 생기면 당황하게 되지만, 피아노의 구조를 잘 이해하기에 부품을 즉석에서 만들거나 다른 물건으로 대체해서 해결하는 일이 빈번하다. 이번에는 어떻게 해야 할까. 우선, 끊긴 현을 제거한 뒤 새로운 현으로 교체했다. 그러면서도 턴 버클을 대신할 물건을 골똘히 생각하다가, 공구 가방에서 너트 2개를 찾아 그것을 피아노 현으로 서로 연결해 즉석에서 턴 버클을 만들었다. 문제 해결. 지금에서야 문제를 해결하는 능력이 조금 생겼지만, 25년 전 처음 이 일을 시작했을 때는 모르는 것투성이라서 다음 날로 미루고, 선배들한테 방법을 묻고는 했던 풋내기 시절이 떠올라서 잠시 웃음이 났다. 작업을 무사히 마치고, 미리 생각해두었던 중국집으로 향했다.

일월식당

원래 틴 버클 모습. 흰색 플라스틱 연결 부위가 부서졌는데, 피아노 줄로 연결한 뒤 너트 2개로 양 끝을 고정해 만들었다.

경상북도 영주

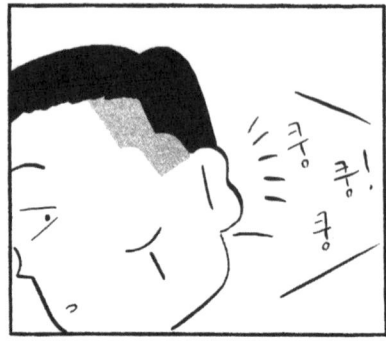

경상북도 영주

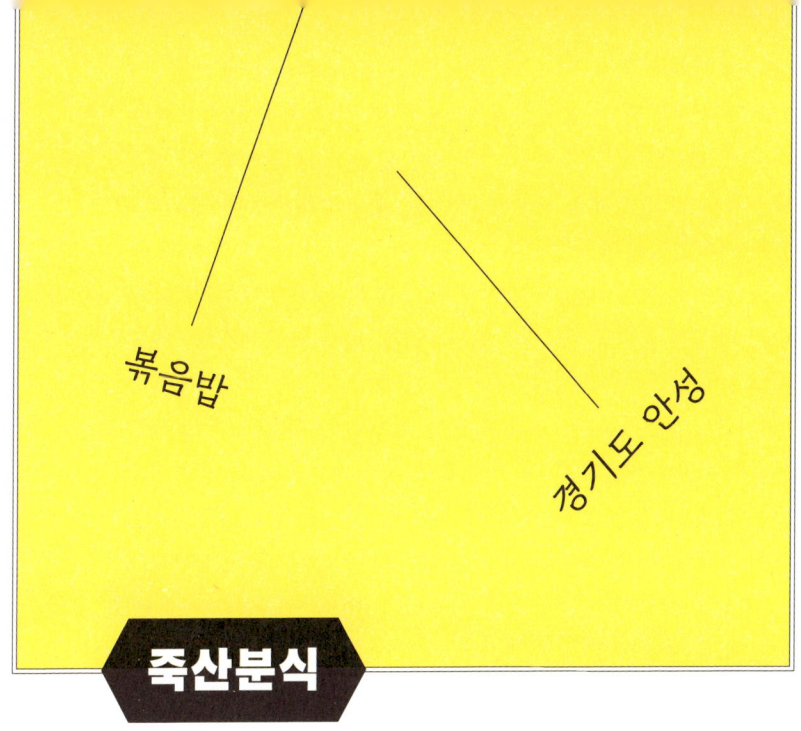

늦겨울 추위는 여전히 매섭다. 백화점 매장은 코트를 입고 근무하지 않으면 견딜 수 없이 춥다. 커피 한 잔으로 몸을 데우고 있는데, 아침부터 전화가 울려 받아보니 안성의 고객이었다. 다급한 목소리로 피아노 한쪽 부분에서 건반 여러 개가 소리 나지 않는다고 했다. 바로 안성으로 출발.

1시간 반가량 운전해 도착한 시내의 어느 아파트, 초인종을 누르니 의뢰인이 반갑게 맞아주셨고, 말썽인 피아노에 관해 이야기를 시작한다. 내어주신 커피 한 잔 마실 겨를 없이 건반을 전체적으로 눌러 확인해보니 고음 쪽 몇 개의 건반에서 '팅팅'하며 탁한 소리가 난다. 케이스를 열어보니 어처구니없게 머플러(가운데 페달을 밟으면 해머와 현 사이에

천이 내려와 소리를 작게 해주는 장치) 위 오른쪽 끝에 기울어진 방습제가 보인다. 시중에서 쉽게 구할 수 있는 플라스틱 용기에 하얀 가루가 들어있는, 여름철에 가정에서 많이 쓰는 것이다. 지난여름 고객이 슈퍼에서 산 방습제를 피아노 뚜껑을 열고 넣었다는데. 염화칼슘인 하얀 가루는 습기와 만나면 용해되고, 그 용액이 금속을 빠르게 부식시킨다. 독성이 강해 피아노 내부에 넣으면 절대로 안 되는 것인데, 습기 제거에 좋다고 생각해 넣으셨단다. 머플러 위에 있던 방습제가 페달을 밟을 때마다 기울어져 가루가 흘렀고, 피아노 현 여러 개를 부식시켜 끊어진 상황. 다행히 현만 교체하면 괜찮다. 간혹 어리석은 조율사가 방습제를 피아노 아래쪽에 넣어두는 경우도 종종 볼 수 있는데, 절대로 안 된다. 페달 쪽 금속이나 현을 부식시킬 수 있으며 특히 운반 중에 방습제가 흐르면 되돌릴 수 없는 상황이 된다. 굳이 그 제품을 사용하려면 방에서 피아노와 가장 먼 곳에 놓아두는 게 올바른 방법이며 사실 그것도 효과는 거의 없다. 현을 교체하는 데 30분도 넘게 걸렸다. 게다가 교체한 현은 조율을 해도 유지되는 시간이 짧아 얼마 뒤 다시 조율해줘야 한다. 다시 와야겠군. 잠시 식은 커피를 마시며 이야기를 나누었는데, 사소한 실수로 엄청난 비용이 들어갈 수 있었던 상황을 설명해 드리며 조율사와 의논 없이 피아노 케이스를 임의로 열지 마시라고 부탁드렸다. 다시 조율 작업을 마쳤고, 늦은 점심 식사는 죽산면에 위치한 죽산분식으로.

죽산리 버스 터미널 조금 못 미쳐 신협 건물 주차장에서 바라보는 죽산분식의 붉은색 간판. '50년 전통'이라 쓰여있다. 1층에 테이블이 10개 정도 있고, 가족이 운영하는 중국집이다. 시원한 옥수수 차 한 잔을 주시기에 볶음밥으로 주문했고, 뒤이어 직접 담근 김치와 단무지, 양파가 반찬으로 나왔으며 운전을 해야 하니 고통을 참으며 반주는 하지 않기로 했다. 어르신이 지휘하는 주방에는 아들로 보이는 분이 함께 요리하며 빠르고 규칙적인 웍 소리가 들린다.

곧, 당근과 파, 돼지고기를 썰어 넣고, 달걀프라이를 올린 볶음밥이 나왔다. 달걀국과 주발에 짜장 소스가 함께 나왔는데, 달걀국에는 적은 양의 달걀과 파가 들어있고, 소금만으로 간을 했다. 짜장 소스는 적당히 단맛과 고소한 맛이 난다. 국자로 꾹꾹 한참을 눌러가며 만들어 고슬고슬하고, 수분을 잘 날렸으며 밥알이 기름으로 잘 코팅된 맛있는 볶음밥이다. 이게 참 별것 아닌 것 같지만, 보기 드물다. 겉에만 익힌 반숙 달걀프라이를 숟가락으로 터뜨리니 볶음밥 위로 주르륵 흘러내렸고, 먼저 노른자에 비벼 한 입 맛보았다. 고소함과 부드러움이 입안 가득 퍼지며 따끈함과 함께 콧소리가 나왔다. 기름을 많이 사용하지 않았고, 오랫동안 웍을 이용해 볶은 훌륭한 볶음밥, 양도 넉넉해 허기를 채우는 데 부족함이 없으며 돼지고기 사용량도 적지 않은 편이다. 짜장면 맛을 예측해보고 싶어 볶음밥에 소스를 살짝 비벼 맛보았는데, 담백해서 이 집 짜장면도 궁금해진다.

식사를 마무리할 무렵 주인할머니께서 하얀 냅킨에 사탕 1개를 싸서 내어주신다. 손님들의 테이블을 수시로 확인하는 세심한 배려가 엿보이며 구성원들(가족)의 호흡이 잘 맞는, 체계가 확실한 중국집이다. 사실, 식사 뒤에 껌을 하나씩 주던 문화 혹은 풍습, 행태는 예전에는 많았지만, 요즘은 드물다. 간혹 오래된 설렁탕집 같은 곳에서는 지금도 주고는 하지만, 중국집에서는 최근에 잘 보지 못했다. 잘 먹었다는 인사를 빼먹지 않고 나와 인천으로 향하는데, 안성 시내에 있는 노포 중식당에서 짬뽕을 한 그릇 더 먹으려는 욕심이 생겨났다. 좋은 음식은 좋은 음식을 부른다. 살찌겠네.

노른자가 주르륵.

경기도 안성

주인할머니께서 급게 내주신 입가심 사탕.

죽산분식

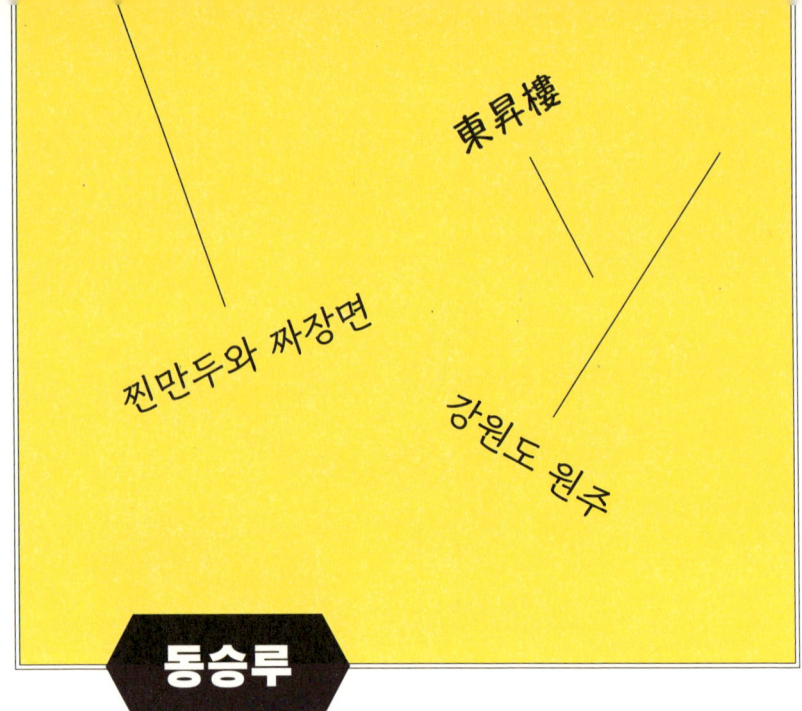

조율 때문에 왕래하던 고객과 10여 년 전부터 연락이 끊겼는데, 얼마 전 갑자기 전화가 왔다. 내 전화번호를 알아보다가 조율사협회 웹사이트에서 검색해 찾았다고 한다. 이 고객은 미국에서 한동안 거주하다가 귀국하셨다고. 사시는 곳이 원주 터미널에서 멀지 않아서 고속버스를 타고 가려고 아침부터 서둘렀지만, 도착하니 어느덧 점심시간. 의뢰인과 오랜만에 만나는지라 잠시 차 한잔 마시며 이야기를 나눈 뒤 작업을 시작했다. 영창 피아노의 U108NB, 소형 피아노로 수출하던 모델이다. 잔량을 국내에 공급했던 것. 케이스를 열어보니 왼쪽의 소프트 페달과 해머 레일(해머들 전체를 받치는)을 연결하는 페달 봉이 탈착되어 있었고, 이는 운반 시 흔히 일어나는 증상이다.

은색 해머 레일에 달린 해머들.

타현 거리(해머와 현의 거리)도 일정치 않아 정상적인 타현과 터치감을 느낄 수 없기에 캡스턴 버튼(액션을 들어 올리는 장치)을 조정했다. 건반의 찌든 때도 제거해달라고 하셔서 마른 천에 치약을 살짝 묻혀 닦으니 잘 지워지고, 광택이 난다. 이것은 치약 속의 미세한 연마제 성분 때문에 가능한 일이며 아세톤 같은 유기용제를 사용해 닦으면 절대로 안 된다. 아세톤도 아크릴 성분이 포함되어 건반의 아크릴을 녹일 수 있기에 절대로 안 되는 일. 이런 것들은 오랜 경험 속에 스스로 터득한 방법이다. 백화점 매장에 근무하다 보면 화장품 매장에서 테스트용 매니큐어를 바르고 와서 바로 피아노를 치는 아이들 때문에 가슴이 철렁하는데, 해결하기 매우 힘든 상황이 생길 수 있기 때문이다. 1시간 넘게 작업하니 시장기가 찾아와 예전부터 동선이 맞으면 가보려고 한 중국집으로 향한다.

동승루

원주 터미널과 우편집중국 사이 이면 도로에 위치한 동승루. 가게 앞에 택시가 여러 대 주차된 걸 보니 기사님들이 자주 찾는 집으로 생각되며 입맛 까다로운 그들의 단골식당이라면 어느 정도 신뢰가 생긴다. 수제 만두 전문점임을 알기에 찐만두와 짜장면을 주문했더니 칸칸이 나뉜 반찬 그릇에 깍두기와 단무지, 양파가 담겨 나왔다. 자기로 된 커다란 접시에 반달 모양의 만두가 10개, 짜장면도 함께 나왔는데, 휘경동 경발원의 것과 비슷한 모양이다. 짜장면을 먼저 비벼 한 젓가락 크게 떠서 맛보았고, 숙성한 밀가루 반죽으로 만든 면발이 부드러워 고소한 소스와 잘 어울린다. 적당한 크기로 자른 양파와 양배추를 춘장과 볶아서 만든 소스는 약간의 전분기가 있어 부드러운 면발과 잘 섞이고, 식감도 좋은 짜장면이다. 우리나라의 짜장면은 중국 산동 지역에서 황장을 야채와 볶아 면에 비벼 먹었던 중국식 짜장면과는 매우 다르고, 우리 입맛대로 평준화된 음식이다. 완전히 현지화되어 요즘에는 들어가는 재료나 만드는 방식에 따라 유니짜장 또는 간짜장 등 여러 형태의 짜장면을 맛볼 수 있게 된지 꽤 되었다. 중국에 가면 김치찌개나 빈대떡 등을 파는 한국식당에서 우리식 짜장면을 종종 볼 수 있는데, 이미 짜장면이 우리 음식의 한 종류가 되었음을 알 수 있는 증거라고 생각한다. 앞으로 새로운 짜장면이 자꾸 나왔으면 좋겠다.

만두는 제법 커다란 사이즈. 약간의 전분을 이용한 듯 보이지만, 피가 두껍지 않고 부드럽다. 다진 돼지고기와 적당한 비율의 부추를 섞어 균형감이 좋은 맛이다. 부추 양이 조금 더 많았다면 방학동 수정궁의 만두와 비슷할 것 같다. 크기와 맛을 보면 6천 원이라는 가격이 전혀 부담스럽지 않다. 버스를 타고 오지 않았다면 포장해 가고 싶은데 차 안에서 냄새로 다른 승객들에게 불편을 주면 안 되니 어쩔 수 없는 일. 다음에는 군만두를 맛보고, 찐만두는 3인분쯤 포장해 가기로 다짐해본다. 곱게 빚은 만두 모양을 보며 주인아주머니의 인자한 모습과 잘 어울린다고 생각했다. 손님 대부분이 단골인 듯, 현지에서 생업에 종사하는 사람들인데 외지인인 내가 무엇인가 메모하며 식사하니 조금은 경계하는 모습이었고,

만두가 매우 맛있다는 말로 상황을 부드럽게 했다. 이럴 때 먼저 한 마디 가볍게 말하는 게 생활에는 가끔 필요하다.

만두 한 접시를 모두 비운 뒤 조금 남은 짜장면에 고춧가루를 넣어 맛보았는데, 괜한 짓에 바로 후회하고 말았다. 물이 생기는 짜장면과 달리 전분이 들어가 조금 걸쭉한 스타일이라서 고춧가루를 넣으니 퍽퍽해지는 느낌이었다. 게다가 양파와 양배추에서 단맛이 나와 고춧가루와 어울리지 않는다. 아, 안 넣을 걸. 완벽한 한 끼였는데. 기분 좋게 식사를 마치고(고춧가루 넣은 일만 빼고), 터미널로 터벅터벅 걷는 길가의 개나리가 따스한 봄볕과 함께 동행한다.

동승루

강원도 원주

군만두와 유니짜장

경기도 파주

은하장

벚꽃이 만개한 봄날.
경기도 파주의 문산으로 출장을 왔다.

약속 시간까지 한 시간 정도 남았네?

날씨도 좋고 동네 구경이나 해야겠다.

봄꽃들이 한창이구나.

남은 시간을 때우기 위해 걷다가 우연히 문산 5일장을 발견. 장구경을 하기로 했다.

제철 생선들도 보이고.

경기도 파주

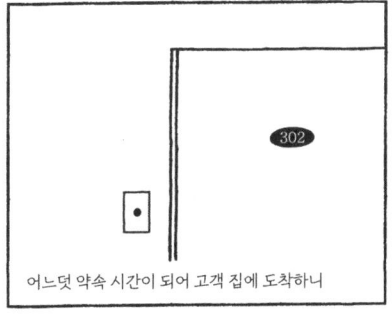

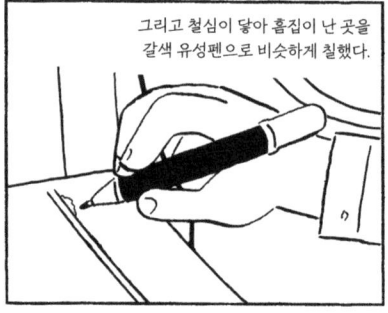

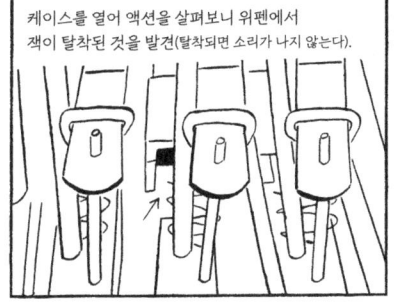
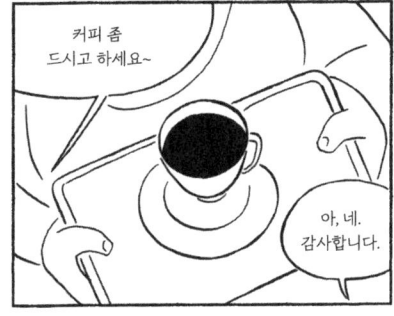

인사를 하고 나서는 동안 배고픔에 식사할 곳을 머릿속으로 생각하니 부대찌개와 만둣국 등이 떠오르지만, 그래도 문산 하면 은하장을 무시할 수 없는 듯하다. 시외버스 터미널 부근에 자리한 화상 중국집 은하장. 나무 간판의 전화번호 국번이 두 자리. 묵묵히 한 곳을 지키는 은하장의 역사를 대변한다. 점심시간이 지난 때라 손님은 거의 없고, 배달 주문을 하는 전화 소리만 간혹 울린다. 볕이 잘 드는 창가 쪽에 앉아 유니짜장과 군만두를 주문했다. 이런 한가로운 기분, 좋지. 서울도 아닌데, 유니짜장 가격이 8천 원이라 살짝 부담되었지만, 음식 만족도에 따라 다르게 느껴질 테니 일단 먹어보자. 반찬으로 어느 중국집이나 똑같은 단무지와 양파, 김치를 내주었다. 양파가 그릇에 넘치게 나왔고, 김치도 한 접시 가득 나왔지만, 김치는 손대지 않았다. 일반 짜장면이 아닌 간짜장이나 유니짜장은 장을 미리 만들어놓는 게 아니라 주문 후 즉석에서 볶으니 면과 장을 따로 내주는 게 보통인데, 은하장의 것은 면 위에 소스를 붓고 오이채를 올려 나왔다. 까만 짜장 소스 밑의 면발을 올려보니 배달하는 식당에서는 드물게 면이 부드러웠다. 배달을 주로 하는 집은 면이 퍼질까 봐 반죽과 익힘을 쫄깃하게 하는 편이다. 구수한 고기 냄새와 약간의 매운 향이 살짝 코끝을 스친다. 고기를 잘게 다져 넣은 소스가 넉넉히 나와 비비기 어렵지 않았으며 혹시 짜지 않을까, 하는 염려는 기우였다. 면을 대하는 자세는 언제나 첫 번째 젓가락질에는 가능한 한 많이 떠서 입안 가득 채우고 맛을 음미하는지라 이번에도 씹기 힘들 정도로 짜장면을 가득 물었다. 부드러운 면과 잘게 다진 돼지고기의 어우러짐이 좋았고, 약간의 단맛과 매운맛 그리고 향신료 또는 생강으로 은은하게 느껴지는 알싸한 맛에 기분이 좋았다.

적절한 때에 테이블에 놓인 군만두는 노릇하게 튀겨져 바삭해 보이며 한 접시에 10개. 중국인들이 좋아하는 숫자 8 때문에 8개 주는 곳이 많지만, 은하장은 인심이 좋다. 만두는 소도 중요하지만, 피를 더 보는 편인데 표면에 작은 기포들이 확실하게 보이는 것이 좋다. 바삭한 식감이 커지기도 하고, 반죽을 숙성해 사용한 흔적이기도 하다. 비교적 두툼해

보였던 피의 안쪽은 겉과 다르게 부드러웠으며 소는 다진 돼지고기와 부추 등을 사용해 향긋했고, 을지로 오구반점의 군만두와 비슷하다. 유니짜장면보다 군만두에 조금 더 점수를 주고 싶다는 생각을 하며 남은 짜장면에 고춧가루를 넣어 매운맛을 더해 보았다. 사실 짜장면에 고춧가루를 넣어 먹는 경우가 많지 않지만, 고기의 향이 지나친 듯하여 시도해보았고, 괜한 짓임을 뒤늦게 깨달았다.

우리나라 중국집에서 파는 군만두를 예전에는 '야끼만두'라고 많이 불렀다. 이것은 일본의 영향이다. 이름만 그런 것이 아니라 중국집 중에는 일본을 통해 온 화상이 연 집도 많아서 교자 비슷한 반달 모양 군만두가 생겨난 게 아닐까. 최근 중국에서 바로 온 화상이 운영하는 양꼬치집들에 가보면 다른 모양의 군만두를 흔히 볼 수 있다. 이래저래 영향이 있긴 해도, 우리 중식 군만두는 사실 중국과도 일본과도 다르다. 중국의 동북 음식 중에는 납작하고 커다란 군만두를 쉽게 볼 수 있지만, 추운 지방 음식답게 피가 무척 두껍다. 일본 교자는 튀긴다기보다 기름에 구운 뒤 쪄내는 식이다. 우리나라에서는 그리 두껍지 않은 피에 소를 채워 튀기다시피 하는 방식으로 정착했다. 기름에 한 번에 넣고, 한 번에 꺼낸다. 빠른 회전율과 박리다매에 맞는 방식이랄까. 우리나라 중국집들의 사정을 엿볼 수 있는 대목이기도 하다. 게다가 군만두는 서비스의 상징. 만두를 맛보러 많이 다녀봤지만, 은하장의 군만두가 입에 잘 맞는 편이었고, 포만감 때문에 돌아가는 길에 잠시 휴게소에서 인스턴트커피 한 잔 마시며 졸음을 쫓아야 했다.

은하장

경기도 파주

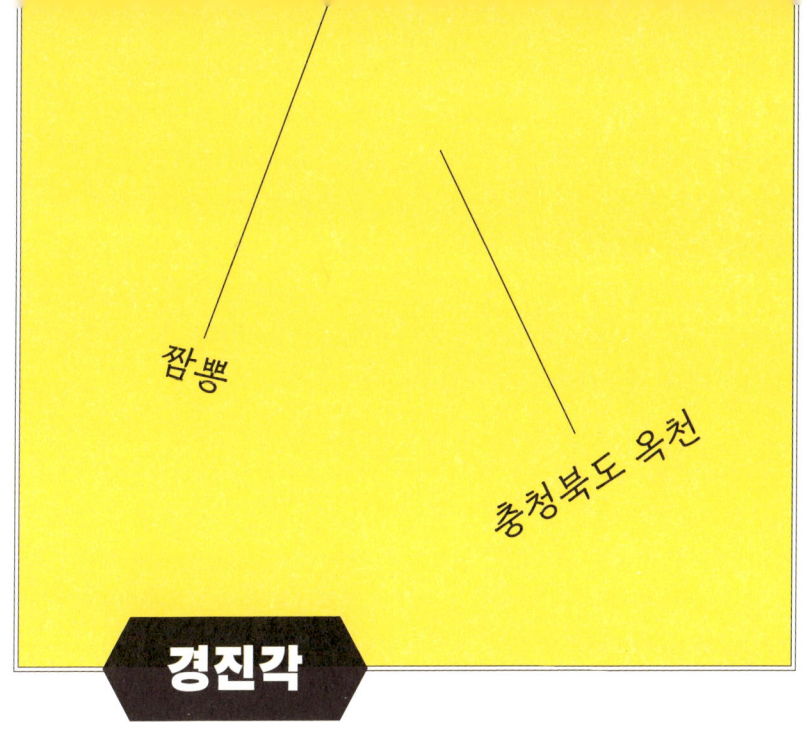

백화점 악기 매장에는 주말에 내점하는 손님이 많으며 매출 또한 대부분 주말에 생겨난다. 그래서 월요일부터 목요일까지는 조율하러 다니고, 주말에는 늘 매장을 지킨다. 많은 고객을 대하니 체력 소모가 크나 그만큼 매출이 오르니 주말이 기다려진다. 어느 주말에, 연세 지긋한 손님이 찾아와 대전의 모교에 피아노를 기증하고 싶다고 했다. 음악실에서 사용할 수 있는 131형 모델 중 무난한 검은색을 추천해드렸더니, 손님이 피아노에 기증자 이름과 졸업 연도를 표시해 달라고 부탁했다. 공장에서 출고 시 할 수 없는 부분이라서 고심 끝에 트로피나 감사패를 제작하는 곳에서 명함 크기의 금속판을 제작, 피아노에 붙여서 보냈다.

며칠 뒤, 2시간가량 운전해 도착한 학교는 봄방학 중이라 한산했다. 개학하면 학생들이 피아노를 보고 좋아하면 좋겠다. 아무 관심 없는 학생이 더 많겠지만. 출고된 지 며칠 안 된 피아노라서 문제없이 조율 작업을 끝냈다. 피아노 판매 후 1년 동안은 무료로 조율을 해드린다. 즉, 애프터 서비스에 조율이 포함되는데, 출고 후 첫 번째 조율이 매우 중요하기 때문이다. 배송 시 문제가 없었는지 확인해야 하고, 최적의 상태로 조정과 조율을 해야 고객이 한동안 문제없이 연주할 수 있다. 산 지 얼마 안 된 물건이 말썽이면 누구나 속상하니까.

대전은 두루치기와 오징어찌개, 칼국수 등이 유명하지만, 난 오늘도 중국집으로 간다. 수첩에 적어둔 곳을 이럴 때 가지 않으면 다음에 언제 가게 될지 모르니까. 출발하기 전부터 미리 정한 집이 있었는데, 대전에서 30분 거리의 옥천 경진각이다. 올갱이 음식이 유명한 옥천. 올갱이를 활용한 중식이 있으면 어떨까. 올갱이짬뽕? 한식화된 중식이 조금 더 깊게, 다채롭게 발전해나갔으면 하는 바람이다.

옥천에는 문화루(2015년 폐업), 문정식당과 더불어 40년 역사의 노포 경진각이 현지인들 사이에서 손꼽힌다. 특히 경진각은 짬뽕 맛이 좋다는 평이 나 있다. 옥천종합운동장 부근의 주택가에 있고, 골목길로 들어가야 하니 쉽게 찾기 어려운 곳이지만, 넓은 주차장을 보유하고 있어 지방을 오가다 들러 식사하기 좋은 곳이다. 오후 시간이라 한가해 보이고, 궁금했던 짬뽕 한 그릇 주문하니 김치를 포함한 반찬을 내어준다. 이제는 아드님이 물려받아 운영하는 듯, 젊은 요리사가 주방에서 요리를 시작한다. 미리 만들어놓은 국물을 면에 부어주는 것이 아니라 주문 후 바로 만들어 내주니 다소 시간이 걸리지만, 맛있는 짬뽕을 맛보기 위해서는 잠시 기다려도 불만 없다.

하얀 멜라닌 용기에 담겨 나온 짬뽕은 한눈에 봐도 채소의 양이 무척 많음을 알 수 있으며 특히 잘게 썬 양배추와 오징어가 듬뿍 들어가 있다.

면의 양도 넉넉하다. 국물을 그릇째 한 모금 마셔보니 채소에서 뿜어 나오는 자연스러운 단맛과 시원함이 참 좋다. 무척 개운한 맛. 사골 육수나 해물 육수로 짬뽕을 만드는 집이 많지만, 이렇게 채소를 잘게 썰어 푹 끓여내면 깔끔하고 시원한 국물을 낼 수 있다. 뽀얀 면발은 배달하는 업소에서 흔히 쓰는 기계면인데, 부드럽고 질기지 않아 취향에 잘 맞는다. 풋내나지 않는 좋은 고춧가루를 쓰는 것도 이 집의 비법. 매우 순박하면서 군더더기 없는 맛, 훌륭하다.

인천으로 돌아가려니, 물쫄면으로 유명한 풍미당이 보여 잠시 망설이다가, 차에서 내렸다. 배는 부르지만, 여기까지 왔으니 쫄면을 조금만 맛봐야지. 인천에서 처음 만들어진 쫄면은 광신제면에서 냉면보다 굵은 면발을 우연히 만들면서 시작됐다. 맛나당이라는 분식점에서 이 면을 사용해 비빔국수와 닮은 형태로 팔기 시작했고, 70년대 초 신포우리만두에서 계보를 이으며 전국으로 퍼진다. 이후 신포시장 분식점들과 대한서림 뒤 분식집들이 우동 국물에 쫄면 사리를 넣어 쫄우동이라는 것도 태어났는데, 이곳 풍미당의 물쫄면이 쫄우동과 매우 유사해 보인다. 쫄면은 비빔 식과 우동 식 모두 인천에서 처음 시작되었고, 생각해보면 충청도를 지나 경상도 쪽으로 내려간 게 아닌가 싶다. 경부선을 따라가면 쫄면으로 유명한 식당이 늘어서 있다. 인천의 신포우리만두와 신신분식, 토이분식, 옥천의 풍미당 그리고 영동의 영갑식당, 한양쫄면, 경북 영주의 나드리와 중앙분식 쫄면이 맛있기로 소문났다. 이는 다시 경주에서 그 빛을 발하니 쫄면만 수십 년 만들어 파는 유명한 가게가 즐비하고, 다시 부산의 밀면과 만나 바다로 흘러간다(?)는 이상한 이야기.

옥천에서 맛있는 짬뽕과 물쫄면을 맛보고 돌아간다. 피곤하지만, 보람차다. 하루에 3건의 업무(?)를 처리했으니.

경진각

경진각

아직 5월이지만, 초여름 날씨처럼 후덥지근하다. 여름이 점점 일찍 오고, 길어지는 느낌이다. 몇 해 뒤에는 5월부터 10월까지 여름이라고 확실하게 느낄지도 모르겠다. 업무상 늘 정장을 입는 나로서는 그리 달가운 일은 아니다.

오늘은 지인의 소개로 군산으로 출장을 간다. 1990년대 중반, 피아노 제조사마다 독특한 컬러의 피아노를 제작했고, 잠시 유행했던 적이 있다. 파란색 또는 핑크색 피아노 앞 위판에 외국 예술가의 작품을 넣어 매우 화려한 모델들이 다양하게 출시되었고, 심지어 그들의 서명을 넣어 '예술 작품이자 악기'로 마케팅했던 그런 모델이 몇 년 동안 매우 많이 팔렸다. 요즘도 가끔 조율하러 가면 종종 만날 수 있다. 취향에 따라 다르겠지만, 내게는 그런 피아노가 그리 아름다워 보이지는 않는다. 고속버스로 3시간쯤 달려 군산 터미널에 도착해 시내버스 정류장으로 건너가 기다리니 20분이 지나도 버스가 오지 않는다. 결국, 택시를 타고 수송동의 어느 아파트에 도착하니 기본요금, 진작 택시 탈걸. 고객의 집에서 만난 피아노는 영창의 M-121 모델로, 연보랏빛 피아노 앞면에 말라티라는 예술가의 작품이 새겨져 있다. 케이스를 열고, 조율 시작 전에 점검하면서 살펴보는데, 해머의 간격이 일정하지 않다. 건조한 상태와 습한 상태가 번갈아 지속되었음을 알 수 있는데, 조율한 지 오래되었다는 뜻이기도 하다. 정확한 위치에 타현이 되지 않는 상황이라서 바로 잡아주어야 한다. 해머가 아주 조금만 틀어져도 잡음이 나니까.

그런데, 피아노의 건압대에 전에 다녀간 조율사의 이름과 전화번호가 적힌 스티커가 붙어있었다. 남의 악기에다가 이런 짓을 하다니, 동료로서 매우 수치스러운 일이다. 명함을 드리고 나오면 될 것을, 스티커라니. 본인의 승용차 유리창에 붙여놓으면 난리를 칠 듯한데. 이거 잘 떨어지지도 않는다. 헤어드라이어로 뜨거운 바람을 쏘아 잠시 데운 뒤, 조심스럽게 떼어냈다. 가정에서 다른 스티커를 뗄 때도 활용하면 좋은 방법이다. 여하튼 이런 행위는 조율사와 악기의 품위에 손상을 입히는 짓이다. 액션 조정을 마치고, 조율을 시작. 대략 1시간 반 만에 모든 작업을 끝냈다. 테스트 연주는 피아노 주인이 직접 했고, 옆에서 문제가 없는지 확인하고 나왔다. 군산까지 왔는데, 일이 빨리 끝났으니 이제 느긋하게 여행을 해볼까.

형제반점

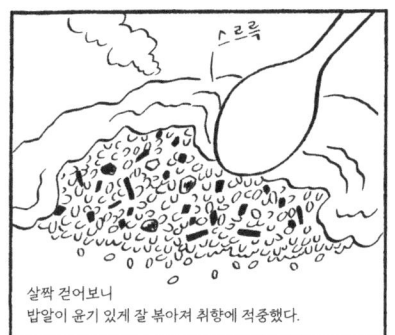

전라북도 군산

형제반점

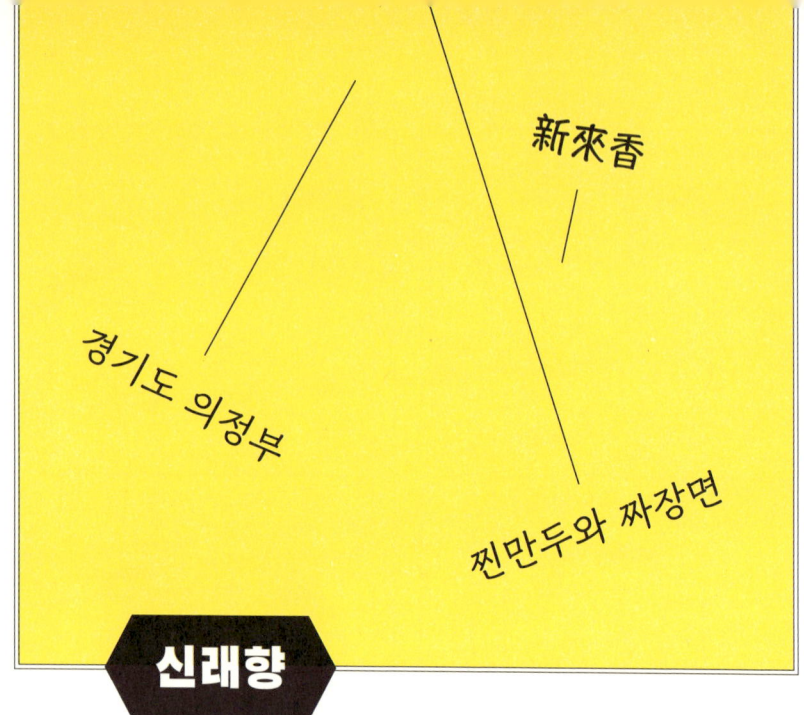

반평생을 백화점에서 근무했으니 남들이 모르는 백화점 생활을 조금 안다. 백화점에는 창문과 시계가 없는데, 쇼핑에 집중하라는 의도이다. 요즘에는 좀 다르나 1층에 화장실이 없는 이유 또한 다른 층으로 손님을 유입시키기 위한 수단이다. 직원들 전용 통로나 전용 엘리베이터도 숨겨져 있고, 방송으로 암호를 사용하기도 한다. 시간마다 스피커에서 나오는 음악도 다 의미가 있는데, 가령 개선행진곡이 나오면 개선할 점을 찾는다든지, 폐점 1시간 전에 나오는 음악은 다음 날 이루어질 고객과의 약속을 확인하라는 뜻이다. 별 대단한 건 물론 아니다.

얼마 전 전화를 한 통 받았는데, 20여 년 전, 백화점 같은 층에 함께 근무했던 여직원이었고, 피아노 조율을 부탁했다. 그 당시 둘 다

미혼이었으며 약간의 호감을 서로 가지고 있었지만, 끝내 진전 없이 서로 다른 지점으로 근무지를 옮기면서 잊어버렸던 기억이 났다. 지금은 중년의 주부와 가장으로 각각 다른 삶을 살고 있다. 조금은 어색한 듯하고 반갑기도 한 마음으로 의정부로 향했다.

피아노 조율은 연 2회가 적당하며 오랫동안 방치하면 원래대로 회복하는 데 어려움이 많다. 내려간 음정을 바로 잡아도 비교적 빨리 틀어지고, 액션의 상태도 엉망이 되어버린다. 결국, 그만큼 비용과 시간이 더 든다. 옛 동료의 집에서 만난 피아노는 10년 동안 조율하지 않았다는 U131CG 모델. 90년대 초반에 생산된 것으로 전공생들이 선호했던 기억이 난다. 테스트 연주를 해보니 건반의 상당수가 한 번 눌러도 두 번 타현되는 상황. 케이스를 열어 액션을 살펴보니 건반의 헛 눌러짐도 어느 정도 보였고, 캡스턴 버튼을 조정해 어느 정도 해결했다. 겨울철 건조한 계절에 매우 흔한 증상이라서 액션의 모든 나사의 조임 상태를 함께 점검해야 하는 경우도 많으며 목재로 이루어진 대부분 부품의 접착력이 부실해지기도 한다. 아니나 다를까, 해머에서 잡음이 들려 확인하니 샹크와 해머 사이의 연결 부분이 떨어져 있어 접착제로 붙여주었다. 오랫동안 조율하지 않았던 피아노라서 많이 떨어진 음을 잡기 위해 2시간이나 걸려 조율을 마쳤다. 휴. 옛 동료와 헤어질 시간이 되니 다시 밀려오는 어색함, 겨우 극복하고, 거리로 나섰다. 의정부에 왔으니 만두와 짜장면 먹으러 가야지.

의정부 역 앞에 오래된 중국집이 두 곳 있는데, 지동관과 신래향이다. 지동관에는 몇 번 가보았으니 이번에는 만두 전문 신래향으로 가기로 마음먹었다. 하얀 바탕에 빨간 글씨의 한자로 신래향이라 쓰여있는 간판을 확인하고 들어간다. 50년 역사, 대를 이어 영업하는 화교 중국집 신래향. 차림표를 보니 찐만두가 5천 원, 짜장면이 4천 원이라 둘 다 주문. 테이블에 놓인 식초와 간장, 고춧가루로 간장 소스를 제조하고 기다리니 짜장면이 먼저 나온다. 주키니와 양파가 듬성듬성 들어간 짜장면이고, 면과 소스를 섞어보니 부드러운 면발임이 젓가락 끝에 전해온다. 한 젓가락 맛보았는데, 소스는 달지 않고, 싱거운 편이며 첨가제 없이 순 밀가루 반죽으로 제면, 취향에 잘 맞는 짜장면이다. 사진을 몇 장 찍으니 주인아주머니가 못마땅한 표정으로 블로그에 올리느냐며 짜장면을 절대 올리지 말라고 하시는데, 만두는 또 된단다. 왜 만두는 되고 짜장면은 안 되는지 이유를 모르겠다. 블로그를 위해서든 아니면 다른 이유라도 사진 없이 맛이나 분위기를 전하기는 어렵지 않나. 내가 맛보는 내 음식을 왜 찍으면 안 되는지 참으로 답답할 때가 있다. 어느새 테이블에 온 따끈한 만두를 한입 베어 물고 향을 느껴본다. 강한 고기맛과 향이 난다. 약간의 향신료를 써서 두툼한 만두피와 잘 어울린다. 다시 말해, 채소보다 돼지고기의 비율이 절대적으로 높고, 고기 잡내를 향신료로 잡아서 조금 무겁고 진한 만두다.

짜장면은 기본에 충실하고, 순 밀가루 면발로 쫄깃함을 좋아하는 사람에게는 거부감이 들 수 있으나 싱거운 소스와 부드러운 면발이 내 입맛에는 매우 잘 맞는 편이며 만두보다 오히려 짜장면에 높은 점수를 주고 싶다. 다시 한번 떠오르는 질문, 왜 짜장면은 블로그에 올리지 말라고 했을까? 무슨 일이 있었는지도 모르겠다.

생강 향이 좋았던 지동관의 만두와 대조적으로 고기맛이 강했기에 사람에 따라 선호도가 갈릴 수 있으나 나름대로 오랜 역사를 지닌 신래향의 만두도 좋은 만두임에 틀림이 없다. 인천으로 돌아가는 길에 문득 생각났다. 만두를 포장해오지 않았네.

윤난한 훈기가 나는 신래향 짜장면

신래향

고기가 꽉 찬 찐만두.

경기도 의정부

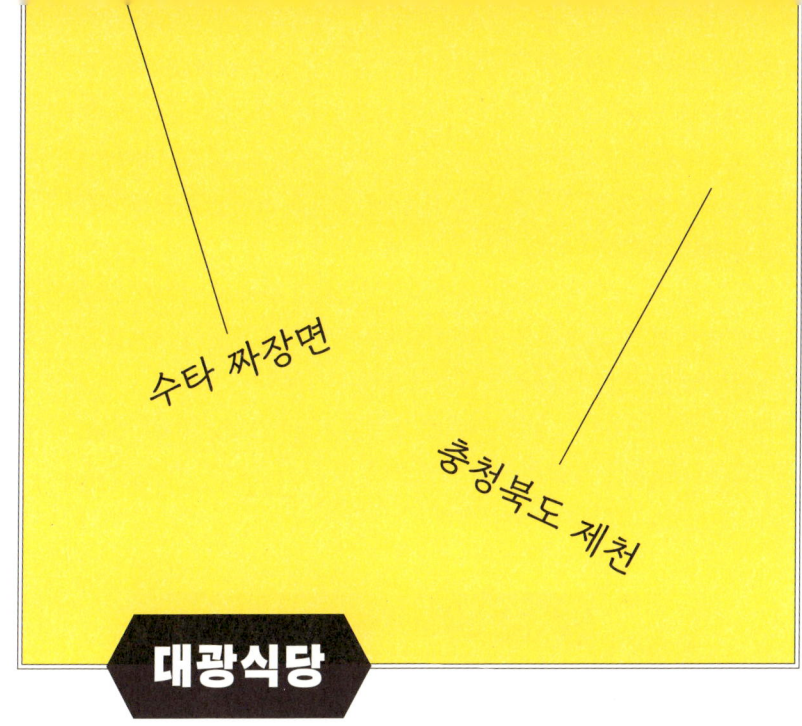

서울에서 태어났지만, 초등학교 입학할 때 즈음부터는 외갓집이던 광명에서 살았고, 결혼 후 인천에서 지금까지 살고 있으니 본적은 서울, 고향은 광명, 지금은 인천 사람으로 불린다. 연고지인 광명에는 아직 연이 닿는 분이 많은데, 그중 하안동 어느 음악 학원 원장님도 있다. 1년에 한 번씩 정기적으로 피아노 조율을 맡고 있으며 수시로 드나들며 수리를 하는 곳인데, 원장님 선배 언니가 제천에서 카페를 하고 있어서 그곳의 피아노 조율을 부탁받았다. 햇살 좋은 봄날, 나는 제천으로 간다.

주소대로 찾아가니 밤에만 영업하는 주점이었다. 지하로 내려가 출입문을 여니 피아노 때문에 사장님이 나와 계셨다. 카페라기보다는

주로 밤에 맥주나 양주를 마시는 손님이 대부분일 듯한 분위기에
홀 한가운데 당구대가 놓여있고, 벽 쪽으로 돌아가며 테이블과 소파가
놓여있으며 작은 간이 무대 위로 그랜드 피아노와 키보드 등 몇 가지
악기가 있다. 무대 쪽으로 불을 밝히고 보니 아주 오래된 자줏빛 소형
그랜드 피아노다. 직감적으로 작업이 까다로울 것 같다. 튜닝 핀들이
박혀있는 핀 판은 보통 단풍나무를 수십 겹 붙여 사용하는데, 이는 핀의
점력을 높이는 데 효과적이기 때문. 그러나 수십 년 세월이 흐르고
건조되면서 핀 판의 함수율이 현저히 떨어졌기에 핀이 헐렁하다. 이러면
조율 시 원하는 대로 핀을 멈추기 쉽지 않다. 시원한 우롱차 한 캔을
건네받고 조율을 시작했지만, 예상대로 헐거운 핀을 여러 개 발견했고,
심하지 않기에 망치를 이용해 몇 번 두드려 박아서 작업을 모두 마쳤다.

의뢰인이 테스트 연주를 한다. 이때의 기분은 긴장되면서도 묘하게
설렌다. 수의학을 전공하셨다는데, 피아노 연주 솜씨가 뛰어나 그동안
연습을 게을리 한 내가 스스로 부끄러워진다. 피아노 연습 좀 해야지.
인사를 나누고 가게를 나서니 늦은 오후, 아예 저녁을 먹고 인천으로
출발하고자 중국집을 찾아나선다. 제천에는 화교가 운영하는 노포
중식당이 몇 있지만, 그들에게 배운 한국인 요리사가 운영하는
대광식당이 오늘의 목적지이다.

제천중학교 부근 서부사거리에 자리한 작은 중국집. 붉은색 간판에 '손면전문'이라는 글씨가 반가웠으며 가게 뒤편에 주차장도 보유하고 있다. 오래된 조리사 면허증과 차림표가 걸려있고, 테이블은 대략 대여섯 개, 환갑 전후로 보이는 부부가 운영하는 식당이다. 조리모는커녕 앞치마조차 하지 않은 동네 아저씨 모습의 사장님. 손님들과의 대화 내용에 존대가 없으니 제천분들 단골식당이 분명하다. 자리에 앉으며 간짜장을 부탁드리니 손질된 채소가 떨어져 안 된다고. 별수 없이 일반 짜장면으로 주문하고 나니 반찬으로 단무지와 생 양파뿐 아니라 직접 담근 김치도 내어준다. 잠시 휴대전화를 바라보며 기다리니 곱빼기가 아님에도 그릇이 넘치도록 많은 양의 짜장면이 나왔다. 캐러멜을 적게 넣고, 춘장을 많이 넣은 진한 색깔의 장이 면 위로 가득하고, 깨를 뿌려 나온 모습이 아기자기해 보인다. 테이블에 놓여있는 고춧가루통이 2개라서 이유를 여쭈었는데, 매운 것과 덜 매운 것 두 가지라고 친절히 설명해주시는 아주머니. 나는 매운 고춧가루를 적당히 뿌렸다. 수타면이 궁금해 면을 젓가락으로 들어 살펴보았더니 순 밀가루에 약간의 소금만 넣어 반죽한 후 냉장고에 보관하다가, 주문이 들어오면 꺼내어 면을 뽑는 듯하다. 취향에 맞는 면발이라 반가워 서둘러 골고루 잘 비빈다. 숙성만 잘하면 굳이 다른 것을 첨가하지 않아도 적당히 식감 좋은 면을 뽑을 수 있으니 건강에도 좋고, 그만큼 훌륭한 짜장면이 탄생한다. 고춧가루를 넣었더니 개운하다. 좋은 재료를 쓰는 거다. 고춧가루를 뿌려 나오는 평양냉면을 먹다 보면 가끔 입안에서 고춧가루 맛이 고소하고 알싸하게 퍼질 때가 있는데, 그런 것과 일맥상통한달까. 식재료는 아주 작은 것조차도 중요하다. 원래 양이 이렇게 많이 나오는지 아니면 덩치가 큰 나에게 특별히 많이 주셨는지 모르지만, 오늘도 맛있는 짜장면 한 그릇 배불리 먹으며 기분이 좋다. 대광식당에서 나가 천천히 걸으며 찹쌀떡과 도넛을 한 보따리 사 들고 터미널로 향한다. 언제쯤이면 전국의 중국집을 모두 가볼 수 있을까. 계속 생기고 사라지니 말이 안 되는 소리임을 알지만. 그냥 그렇다는 이야기다.

직접 담근 김치가 맛있어 보인다.

충청북도 제천

깨+고춧가루.

숙성 절된 수타면.

이름이 옛토소.

대광식당

오늘은 성북구의 어느 교회로 출장을 간다. 성전을 새로 건축하며 모처에 옮겨놓았던 피아노 2대를 다시 가져왔다고 한다. 입당 예배 전 조율을 깔끔하게 해달라는 것. 건물이 없던 곳이라 내비게이션은 인식을 못 하고, 주변만 몇 차례 돌다가 겨우 찾았는데, 비포장도로를 지나 웅장해 보이는 교회 앞에 도착했으며 임시 사무실로 보이는 컨테이너에서 나오신 목사님이 반갑게 맞이해주셨다. 내부공사가 한창인 3층 본당에 가보니 오래된 그랜드 피아노가 놓여있었고, 한동안 사용하지 않고 옆으로 세워 보관했나 보다. 상태가 엉망이었다. 이 무거운 피아노를 굳이 왜 옆으로 세웠을까. 1시간 넘게 작업한 뒤, 2층의 업라이트 피아노를 보러 내려갔다. 외국 브랜드 제품으로 구매한 지 얼마 안 된 신품이다.

신품의 경우 보통 1년 동안 무상으로 조율을 해주는 게 정상인데, 내게 따로 의뢰한 이유가 궁금해 여쭤보니 한두 번 서비스 조율을 받았지만, 마음에 들지 않았다고 하셨다. 잠시 피아노를 쳐보니 신품치고는 음의 밸런스가 맞지 않았고, 정상에서 너무 많이 벗어나 있었다. 또, 건반의 움직임이 매우 둔한 상태. 여러 가지 작업이 필요했다. 케이스를 열고 작업 시작, 가장 먼저 건반의 움직임을 원활하게 하기 위해 키 플라이어로 각 건반의 프런트 홀(건반 뒷면의 천으로 싼 구멍)과 밸런스 홀의 천 부분이 부풀어 좁아진 것을 원래의 공간만큼 넓혀주었다. 음의 높이를 측정해보니 49번 건반의 높이가 정상인 440Hz보다 훨씬 미치지 못하는 430Hz, 반음의 30%에 해당하는 30센트cent가 내려간 상태로, 신품에서 흔히 볼 수 있는 경우가 아니었다. 도대체 무슨 일이 있었던 거람. 다시 1시간 넘게 튜닝 해머를 사용해 조율을 마쳤다. 교회나 학교인 경우, 반주를 담당하는 분께 조율이 잘 되었는지 확인받는 게 매우 중요한데, 공사 중인 상황에 평일이라 반주자가 없어서 내가 미숙한 연주로 목사님께 확인을 받고 모든 작업을 마쳤다. 아직까지 우리나라에서는 소리까지 고려하며 짓는 종교 시설물이 흔치 않지만, 이곳은 다행히 공간의 울림이 좋았다. 종교 시설의 공간과 소리는 신도의 영적인 만족에 알게 모르게 큰 역할을 하는 게 아닐까. 벌써 저녁. 이제야 긴장이 풀리며 허기가 몰려온다.

도봉역 앞 유명한 설렁탕 집을 지나

오른쪽으로 돌아가니

빨강색과 파랑색, 흰색이 조화로운 간판이 보인다.

오늘 내가 찾아온 중국집은 바로 이곳이다.

서울 도봉동

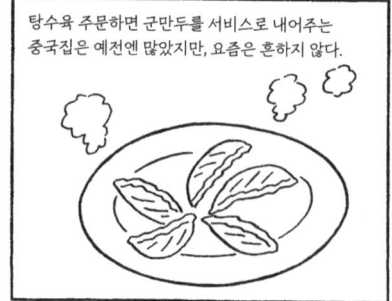

서울 도봉동

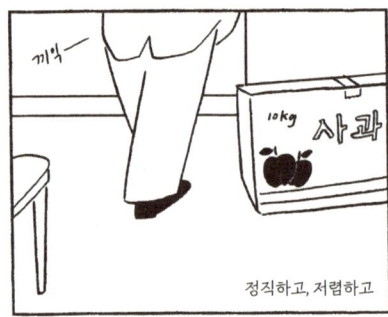

서울 도봉동

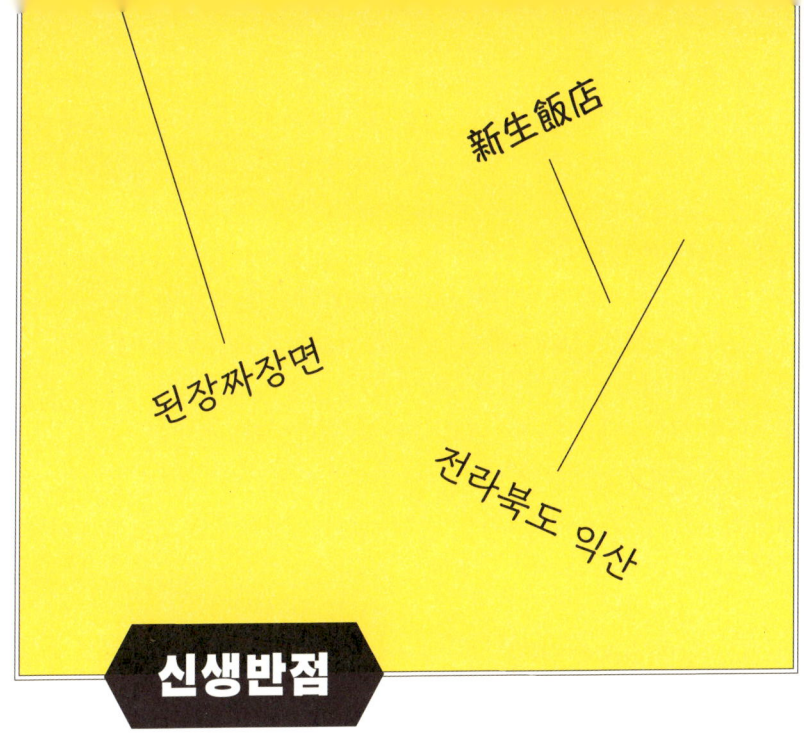

얼마 전 한 후배가 익산의 화교 중식당의 된장짜장면에 관해 이야기했다. 궁금하던 치에 어렵게 하루 휴가를 내어 미식 여행을 떠난다. 5월은 각종 어린이 행사 때문에 피아노와 장비를 점검하는 곳이 많아서 휴무 없이 보름쯤 계속 일했다. 꿀 같은 휴일. 오늘의 최종 목적지는 익산이지만, 정읍의 몇몇 식당이 궁금해 광명 역에서 정읍행 고속열차를 탔다. 거의 늘 혼자 다니는 여행이고, 대부분 당일치기다. 돌아오는 길은 피곤하지만, 맛있는 음식을 만나러 떠날 때는 늘 설렌다.

5월 초 봄 날씨치고는 약간 덥지만, 선선한 바람이 불어 여행하기 딱 좋다. 정읍 역에 오전 9시 좀 넘어 도착, 근처 가까운 재래시장에 들렀다. 여행 가면 각 지역의 전통시장에 들르는 게 참 재미있다. 다 비슷한 것 같으면서도, 찬찬히 둘러보면 특산품부터 해서 전체 풍경이 다 다르다. 근데, 너무 시간이 일러서 사람이 없네. 발길을 돌려 아침 식사가 되는 해장국집으로 택시를 타고 갔다. 50년 전통의 충남집. 해장 쑥국이 유명하다. 주인할머니의 거침없는 입담과 카리스마 덕분에 재미있게(?) 식사할 수 있었다. 한 때 '욕쟁이할머니집' 같은 것이 유행한 적 있었는데, 할머니들이야 대체로 살아온 대로 하신 것이지만, 이걸 상업적으로 이용하는 무리도 있었다. 정겨움, 그런 감성으로 말이다. 유행은 끝났고, 이제는 그런 '연기'가 부담스러운 시대가 됐다. 그래도 충남집 할매 정도의 적당한 입담은 아직 괜찮은 것 같다.

소화도 시킬 겸 노트에 적어둔 중식당으로 걸었다. 정읍에도 양자강이 있는데, 오래전부터 궁금했던 집. 이럴 수가. 도착해보니 휴일. 월요일 휴무임을 확인하고 갔는데. 오늘은 화요일이다. 어쩔 수 없이 간단히 요기나 할 요량으로 천천히 걸어 도착한 솜씨만두. 여전히 저렴한 가격에 맛있는 만두를 맛볼 수 있으며 부드러운 순 밀가루 반죽의 만두피가 인상적이다.

정읍경찰서 부근 쌍화차 거리를 배회하다가 잠시 카메라 배터리 교체와 피아노 회사에서 온 메모들을 정리하려고 연쌍화탕이라는 곳에 들어갔다. 몇 가지 주전부리와 함께 양이 많은 쌍화탕이 나왔다. 주인이 숟가락으로 떠먹어야 하니 차보다는 탕이 맞다는 이야기도 해주면서. 가래떡구이와 조청도 내어주어 한동안 맛있게 먹고 자리에서 일어났고, 천천히 걸어 다음 코스인 보안식당으로 향했다. 이 식당은 쫄면으로 방송에 여러 번 소개되기도 했는데, 오랜만에 전라도에 왔으니 팥칼국수를 요청해 맛있는 식사를 했다. 쫄면이야 인천도 맛있으니까. 이렇게 보면, 쉴 새 없이 먹기만 하는 것 같아서 민망하지만, 미식 여행이 원래 그런 거 아닌가. 먹고 걷고 쉬고. 여기서 이야기한 가게들을 누군가 여행할 때 가보면 좋겠지.

자, 이제 최종 목적지인 익산으로 간다. 시외버스 터미널에 도착해 익산행 버스를 알아보니 열차보다 배차 간격도 넓고, 5,600원에 1시간 걸리는데, 무궁화호를 타면 30분이면 도착, 배차 간격도 짧고, 요금은 2,800원. 다시 익산 역으로 향했다.

열차에 올라 오랜만에 멍하니 창밖을 보며 앉아있으니 어느덧 도착한 익산 역. 그리 멀지 않은 곳에 있는 신생반점을 어렵지 않게 찾았다. 흰색 타일로 된 오래된 건물이 노포 중식당임을 말해주었고, 간판은 새로 바뀐 듯 간결하고 깔끔해 보인다. 친절한 안주인이 서빙과 계산대를 맡고, 주방에 사장님과 보조를 하는 아주머니 이렇게 세 사람이 바쁘게 움직이는 식당으로, 애매한 오후 시간에 몇몇 손님이 식사를 한다. 된장짜장면으로 주문하고, 10여 분 지나 면과 짜장 소스가 따로 나왔다. 면발 위에 오이채가 올라가 있고, 넉넉한 양의 짜장 소스에서 달콤한 냄새 대신 쿰쿰하고 고소한 냄새가 난다. 양배추와 양파를 잘게 썰어 넣었고, 돼지고기를 투박하게 다져 넣은 것이 제법 많이 보인다. 중국의 황장과는 좀 다른 스타일로 우리 된장 맛이 강해 입맛에 맞지 않는 분도

신생반점

꽤 있을 듯하나 내 입에는 잘 맞는다. 참지 못하고 소주 1병 주문하니 일반 짜장 소스도 함께 내어주었다. 이는 전라도 지역 어느 중국집을 가더라도 공통인 듯, 지금까지 경험한 바로는 소주를 주문하면 늘 짜장 소스를 부러 말하지 않아도 주고는 했다. 면발 위로 소스를 절반 정도 부어 잘 비비고 맛보니 간이 살짝 있는 듯하여 남은 된장 소스는 비벼놓은 짜장면 위로 조금만 더 올려놓았다. 면발은 숙성된 반죽을 사용했는지 매우 부드럽고, 약간의 탄력이 느껴졌으나 쉽게 불어버리는 스타일로 취향에 매우 잘 맞는다. 다만 돼지고기가 너무 많아 살짝 거슬린다. 옛날처럼 고기가 많으면 무조건 좋고, 그런 세상은 아니니까. 그리고 남은 된장 소스를 따로 떠먹어보니 짠맛이 도드라지고, 숙성된 장맛이 난다. 맛있게 한 그릇 비우고, 익산 역으로 걸었다. 금요일 오후라 그런지 광명행 고속열차는 매진, 간신히 입석 표 한 장 구해 열차와 열차 사이 통로에 서서 데이트 중인 젊은이들의 불편한 애정 행각을 못 본 척하면서 광명 역에 도착했다. 된장짜장면. 서울의 마마수교에서 경험했던 황장짜장면과 전혀 다른 음식이라 특별한 경험으로 오랫동안 기억될 듯하다. 그나저나 여행에서 돌아오는 길은 역시 피곤하구나.

신생반점

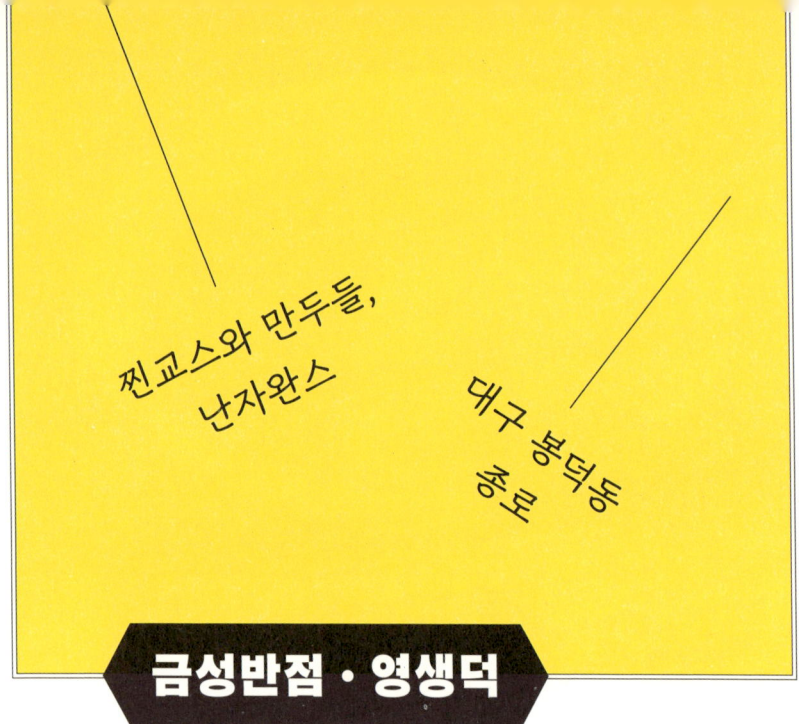

금성반점 · 영생덕

여행하기 좋은 봄, 식도락을 함께하는 선배 두 분, 후배 둘과 나는 대구로 미식 여행을 떠난다. 역에서 모이기로 했는데, 선배들은 만났으나 A 후배는 전화도 받지 않고 나타나지 않아 그냥 우리끼리 대구에 도착했다. C 후배는 대구에서 바로 만나기로.

첫 코스는 대구식 육개장. 하지만, 식당에 찾아가니 아직 준비되지 않았다고 하여 부근의 공원에서 기다렸다. S 선배가 준비해온 여러 기물과 주류 등으로 모히토를 만들어줬다. 새벽 댓바람에 칵테일이라. 여행하며 얻는 재밌는 경험이다. 곧, C 후배가 합류, 우리는 간단히 육개장을 맛보고, 목적지인 영생덕으로 천천히 걸었다.

대구 봉덕동 · 종로

중앙로 역과 약전골목 사이에 있는 낡은 영생덕 건물은 지나온 세월의
흔적을 말해 주는 듯하다. 화교가 운영하는 노포 중식당이며 만두를
직접 빚어 판매하는 집. 물론 다른 식사 메뉴도 있다. 우리는 고기만두와
군만두, 물만두, 찐교스를 주문했다. 찐 교자만두를 경상도 지역에서
찐교스라고 부른다고 한다. S 선배가 영생덕 사장님께 양해를 구한 뒤
다른 테이블에서 칵테일을 또 만들어주셨다. 맛있네. 기름진 편이라
할 수 있는 중식과도 잘 어울린다.

군만두와 물만두, 고기만두가 먼저 나왔는데, 군만두의 모습이 참
가지런하고, 예뻤다. 살살 하나씩 떼어 맛보았는데, 바삭한 피가 촉촉한
돼지고기 소와 잘 어울렸다. 다음은 고기만두를 맛볼 차례. 공모양의
포자만두다. 숙성한 반죽으로 만두피를 만든 것. 무말랭이가 많이
들어가서 오독오독 씹는 느낌이 좋았다. 물만두는 상대적으로 조금 아쉬워
하나씩 맛보고 포장을 부탁드렸다. 자, 드디어 기대했던 찐교스가
나왔는데, 예상대로 찐 교자만두 10개가 가지런히 놓여있었다. 전분을
조금 쓴 만두피고, 적당히 부들거리는 느낌이어서 계속 집어먹게 된다.
소는 다진 돼지고기와 주키니를 넣었는데, 고소한 고기맛과 단맛이
잘 어우러져 취향에 맞았다. 만두에 만두에 만두에 만두. 하지만, 맛과
식감이 저마다 달라서 질리지 않았다. 칵테일과의 색다른 조합도 좋았고.

영생덕 군만두. 손으로 찢은 고기만두.

가지런한 찐교스.

대구 봉덕동·종로

봄바람 맞으며 난자완스로 유명한 금성반점으로 출발. 종로 거리를 천천히 걷다가 택시를 타고 남구청으로 향했다. 종로, 명동 이런 지명은 서울뿐 아니라 전국에 참 많다. 이유가 뭘까. 새벽에 나타나지 않았던 A 후배는 전날 과음으로 깊은 잠에 빠졌다가 뒤늦게 합류했다. 질타와 타박이 난무했지만, 반가움이 훨씬 컸다. 어쨌건 이제 완전체가 된 우리 다섯은 금성반점의 방으로 자리 잡고, 난자완스와 연태고량주를 주문했다. 난자완스는 원래 공 모양의 완자로 만든 요리였으나 위안스카이 집권 당시 모든 둥근 모양 요리를 금지시켰다. 어쩔 수 없이 완자를 국자로 꾹, 눌러 지금처럼 납작한 모양이 되었다고 한다. 그런데, 그럼 완자가 아니지 않나. 재미있다. 늘 그렇지만, 새로운 곳에서 요리를 기다릴 때의 기대감과 설레는 마음이 참 좋다. 드디어 나온 금성반점의 난자완스. 누른 완자와 청경채, 죽순 등 채소도 넉넉히 들어가 군침이 넘어간다. 비교적 커다란 완자는 한입에 먹기 어려울 정도라 여러 번 나누어 먹었는데, 잡내 없이 담백함이 이루 말할 수 없다. 녹말이 지나치지 않으며 생강 향이 나는 소스와 참 잘 어울린다. 요리를 볶음밥과 함께 먹는 습관 때문에 볶음밥도 주문했다. 중식 요리는 소스를 이용한 것들이 많은데, 그 소스를 볶음밥에 살짝 발라 먹으면 정말 맛있어서 그런다. 곧, 커다란 접시에 파와 고기, 달걀을 넣은 볶음밥 위로 반숙 달걀프라이 하나도 올려져 나왔다. 달걀에 또 달걀. 좋지. 한켠에 짜장 소스와 채 썬 양배추에 케첩도 있다. 어릴 때 중국집에서 볶음밥 먹을 때 늘 케첩에 비벼 먹었던 생각에 오랜만에 보는 양배추 샐러드가 반가웠다. 볶음밥에 따라 나온 짬뽕 국물은 옆으로 미뤄두고, 고슬거리는 볶음밥과 난자완스 소스를 함께 맛보니 예상대로 또 하나의 요리가 탄생했다.

모두 배가 어느 정도 부른 상태였지만, J 선배가 잡채를 추가로 주문했다. 당면과 가늘게 썬 돼지고기, 채소를 향긋하게 볶은 중식 잡채. 여기에 연태고량주 한 잔. 캬. 볶음밥에 잡채를 올려 잡채밥으로 맛보기도 하니 다양하게 응용할 수 있는 중식이 새삼 참 재밌다. 늘 혼자 다니다 보니 그런 색다른 조합을 즐길 일이 많지 않은데, 이렇게 여럿이 함께하니 여러모로 즐겁다. 친절한 사장님이 후식으로 참깨를 더한 찹쌀빵을 주셔서 잠시 더 앉아 이야기를 나누다가 잘 먹었다는 인사를 드리고 금성반점을 나섰다. 즐거운 하루가 다 저물어간다.

금성반점 난자완스. 완자를 꼭 놀랐다.

난자완스 소스를 밥과 먹으라는 볶음밥. 양배추 채썬 샐러드가 정겹다.

대구 봉덕동·종로

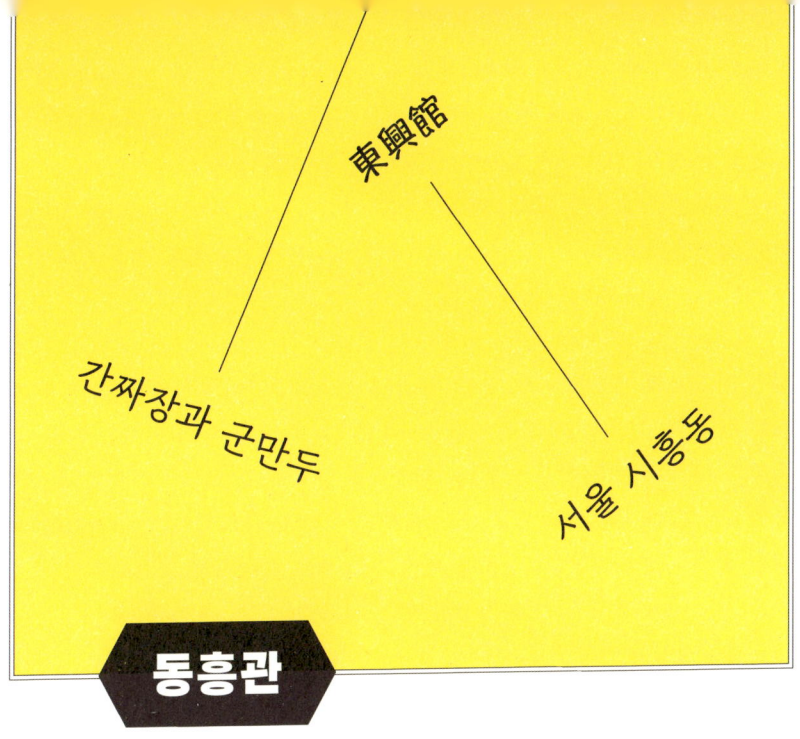

봄인데, 벌써 한낮 더위는 이마에 작은 땀방울을 맺히게 한다. 어떤 경로였는지 모르지만, 휴대전화로 조율 의뢰가 들어와 약속을 잡았다. 태어나 유년 시절을 보냈고, 광명으로 이사한 뒤에도 고등학교 때까지 장거리 통학하며 다녔던 서울 시흥동. 부모님은 결혼 후 동일여고 앞에서 경리학원을 하셨기에 나의 고향은 시흥동이 되었다. 생각해보면, 고향은 스스로 정할 수 없는 것인데도 특유의 향수가 있다. 그런 그리움 비슷한 감정은 역시 '어린 시절'과 함께 생겨나는 것일까. 그 시절에 겪은 모든 것이 어느 정도 미화되는 일은 이제 내가 그때로 다시는 돌아갈 수 없기 때문일지도 모른다.

동네의 보호수인 커다란 은행나무는 예전과 다르지 않은데,
버스 종점이었던 자리에 고층 아파트가 들어서 있다. 그 부근 다세대주택이
오늘의 목적지. 주차가 쉽지 않아 보였으며 '거주자 우선 주차구역'에
잠시 주차했는데, 불안하다. 무거운 공구 가방을 들고 들어가니 맞아주시는
분은 얼마 전부터 피아노를 배우기 시작하셨다는 50대 주부. 배움에는
나이가 없음을 새삼 느꼈다.

영창 피아노의 콘솔형 WSC-202. 생산된 지 20여 년이 지났지만, 외장의
파손은 거의 없었다. 하지만, 조율한 지 오래되어 음이 많이 떨어졌으며
소리가 나지 않는 건반도 있었다. 케이스를 탈착하고, 액션을 살펴보니
해머의 샹크가 부러져 있었고, 교체하려면 장비가 필요하지만, 주전자에
물을 끓여 수증기로 접착 부분을 제거하고, 새로운 샹크로 교체해주었다.
칼로 긁어내거나 하면 부품이 상할 수 있다. 음이 많이 내려가 있어
조율을 2번이나 반복해 작업을 마쳤다. 아주머니가 점심 식사를
대접하지 못해 미안하다며 군고구마를 몇 개 싸주신다. 정겨운 고향 동네.
감사 인사를 드리고 나왔다. 하지만, 고구마 대신 추억의 중국집에서
간짜장을 맛보려고 금천구청 역 쪽으로 차를 몰았다.

아시안게임을 했던 고등학교 2학년 때, 의무적으로 단체 응원을
가야 했지만, 나는 친구들과 학교 근처의 동흥관에 모여 짜장면 먹고,
안양유원지로 놀러 다니며 응원을 자주 빼먹고는 했다. 구슬을
줄줄이 꿰어 걸어놓았던 발을 제치고, 안으로 들어갈 때 맡았던 짜장면
냄새를 지금도 잊지 못한다. 그보다 더 어렸을 적 하안리(지금의 광명시
하안동)에서 살았을 때는 마을에 결혼식이 있으면 대부분 시흥동의
동경예식장을 이용했고, 피로연 장소로 중국집 동흥관을 빌려 준비해간
잔치 음식과 갈비탕으로 하객을 대접했다. 편식을 하던 나는 부모님이
특별히 짜장면을 부탁해주시고는 했던 추억의 장소다. 요즘 같아서는
꿈도 못 꿀 일이겠지.

서울 시흥동

예전 시흥 역이 금천구청 역으로 바뀌었고, 그 입구에 있던 허름한 중국집이 커다란 중국풍 건물이 되었다. 반가우면서도 낯선, 이상한 기분이다. 광복되기 전 중국에서 이주해와 1951년 지금의 장소에서 개업했다는데, 서울에서 가장 오래된 화상 중식당이라 추측한다. 3대째 가업으로 이어왔고, 만두와 딤섬이 유명하다. 미로와 같은 골목을 지나 안내받은 테이블에 앉으니 따끈한 차 한 잔 내어주었다. 간짜장과 군만두를 주문하고, 10여 분을 기다리니 간짜장이 먼저 나왔는데, 기름져 보이는 짜장 소스와 오이채를 올린 면이 따로 나왔다. 면의 양이 넉넉하고, 바로 볶아 나온 짜장 소스는 양파와 돼지고기를 비교적 크게 썰어 사용했다. 늘 그렇듯이 짜장 소스는 간을 봐야 해서 조금 남기고 붓고, 흰 건 검게 검은 건 희게 잘 비볐다. 비빔밥은 젓가락으로 살살 비벼야 하지만, 짜장면은 한 손에 젓가락 한 짝씩 쥐고 마구 비벼야 제맛. 아, 그런데 왜 이렇게 맛있지? 구수하고, 달다. 고향의 맛.

지금은 배달하지 않는 듯, 면발에 불지 말라고 사용하는 첨가제를 많이 자제해 부드러운 정도가 취향에 잘 맞았고, 등장한 군만두는 크기도 예사롭지 않은데, 한 접시에 10개가 담겨 나왔다. 군만두는 여러 가지 스타일이 있지만, 보통은 웍에 기름을 두르고, 만두를 가지런히 놓은 다음 화덕에서 웍을 돌려가며 한쪽 면만 구워 나온다. 동흥관의 것은 탕수육처럼 끓는 기름에 튀겨낸 듯 모든 면이 골고루 노랗게 익었다. 뜨거우니 조심스럽게 만두를 한입 베어 물으니 상대적으로 만두소가 빈약하게 느껴졌지만, 두툼한 만두피가 그 자리를 대신해 어느 정도는 밸런스가 맞는 듯했다. 속이 꽉 차야만 맛있는 건 아니다. 피와 속과 빈틈의 조화가 중요하다. 동흥관의 것은, 약간 애매하다. 찐만두나 다른 음식이 궁금했지만, 혼자 먹기에 버거워 포기, 짜장면에 집중했고, 결국 군만두는 절반을 남기고 말았다. 찐만두는 남으면 포장해가서 집에서 구워 먹을 수 있지만, 군만두라 남기고 일어서야 했다. 간짜장은 매우 맛있게 먹었고, 군만두는 아쉬움이 조금 남지만, 흔히 먹을 수 없는 좋은 군만두라고

동흥관

생각하며 다음에 만두를 종류별로 주문해 술 한잔하고 싶다. 사실, 음식이란 게 반쯤은 추억이다. 사람의 혀는 별거 없다.

파란 하늘과 봄바람이 좋아 창문을 연 채 차를 몰아 다음 스케줄이 있는 인천 만수동으로 향했다. 지금은 모습이 많이 변했지만, 추억이 많은 동흥관에 오랜만에 들렀더니 마음이 든든하다. 이제 그곳에 연고가 없지만, 마치 돌아갈 고향이 있는 듯이.

서울 시흥동

기름져 보이는 짜장 소스,
실제 먹어보면 그리 느끼하지 않다.

동흥관

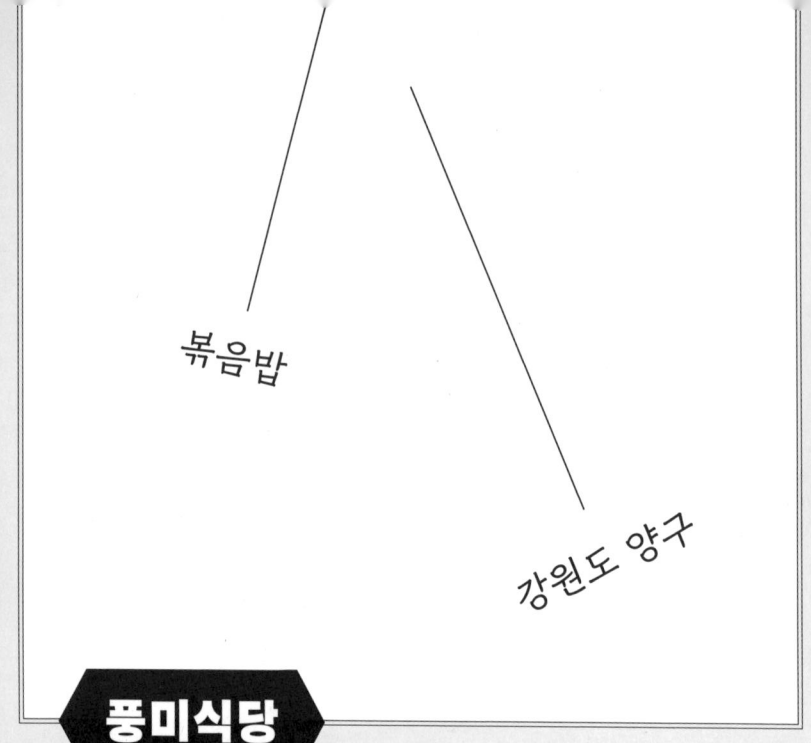

풍미식당

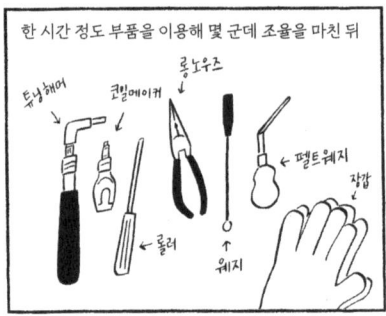

강원도 양구

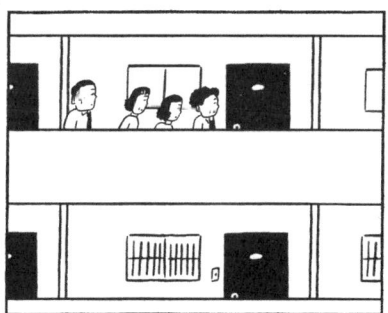

강원도 양구

차를 몰고 동면 펀치볼 쪽으로 향했다. 마을 이름이 펀치볼이라니. 재밌구나. 양구는 시래기가 유명한데, 시래기짬뽕이 있다면 왠지 맛있을 거 같은데, 차 안에서 그런 생각을 했다. 전용 주차장도 마련되어있는 풍미식당, 업력이 무려 50년이라 쓰여있는 간판에 '구) 한중관'이라고 표기된 것을 보니 아마도 상호가 한 번 바뀌었나 보다. 홀에 테이블이 몇 개 있고, 방으로 안내받아 신발을 벗고 들어갔다. 거리에 다니는 사람도 보이지 않던 양구지만, 몇몇 손님이 식사를 하고 있었다. 차림표를 살펴보니 볶음밥이 7천 원, 마을 사람들과 군인들이 손님의 전부일 텐데, 시골 중국집 가격치고는 저렴하지 않다고 생각했다. 강원도라 그런지 시원한 옥수수 차를 내어주며 주문을 받기에 볶음밥으로 부탁드렸고, 바로 단무지와 양파, 김치가 찬으로 나왔다.

한참 지나 하얀색 멜라민 접시에 볶음밥과 짜장 소스가 함께 나왔고, 호기심에 소스 맛을 보니 예사롭지 않다. 단맛이 적고, 진한 춘장이 그대로 느껴진다. 풍미식당의 볶음밥은 슬쩍 보아도 채소의 비중이 높은데, 밥과 채소가 반반이라 해도 과언이 아닐 정도로 채소가 많아 색깔의 조화로움이 대단히 좋다. 붉은색 당근을 밥알 크기만큼 잘게 썰어 넣었으며 파란색 대파와 중식 볶음밥에는 드물게 양파도 잘게 썰어 넣었다. 달걀도 노란 스크램블로 들어가 여러 가지 색깔이 부드럽게 어우러진다. 물론 돼지고기도 넉넉히 들어갔는데, 다지듯 썰어서 치아가 부실한 내게 불편하지 않았다. 국물로 내어주는 짬뽕도 다른 중국집과 차이가 있는데, 빨간색이 무척 진하며 달걀을 풀고, 파를 썰어 넣어 라면 국물과 비슷해 보이지만, 훨씬 건강한 맛이라 할 수 있다. 인천 대명반점의 짬뽕국과 비슷한 맛이 난다. 볶음밥을 크게 한 숟가락 떠서 입에 넣고 맛보니, 그동안 먹었던 볶음밥과 다르게 밥에 채소를 넣은 느낌이 아니라 채소와 달걀에 밥을 넣은 것 같다. 재료의 사용이 매우 풍부하다. 이렇다 보니 가격이 비싸지 않은 듯 생각되었고, 취향에 매우 잘 맞아 한동안 풍미식당 볶음밥이 그리워질 듯했다. 절반쯤 먹고 난 뒤, 평소에 잘 먹지 않는 짜장 소스를 곁들여 살짝 비벼 먹었는데, 풍미가 한층 더 느껴져, 과연 풍미식당이구나, 혼자 속으로 말장난도 해보았다. 짜장면 한 그릇 추가해서 먹을까, 잠시 망설였지만, 볶음밥에 집중하려고 포기했다. 국물도 입맛에 잘 맞으니 언제나 그렇듯 볶음밥을 조금 말아서 맛보니, 매우 잘 어울린다. 우리나라 사람 워낙 국에 밥 말아 먹기를 좋아하는 만큼 국밥의 종류도 참 다양하지 않은가? 짬뽕국밥. 아, 짬뽕밥이란 게 이미 있지, 참.

매우 만족스러운 식사를 마치고 서둘러 인천으로 출발. 11월 늦가을 양구의 해넘이는 일찍 찾아온다. 서울과 춘천을 잇는 고속도로의 정체가 시작되는 시간, 집으로 돌아가는 길이 멀다. 창밖 짙은 노을이 짬뽕 국물 같다. 구름은 풀어놓은 달걀.

강원도 양구

풍미식당

개인적인 피아노 조율 의뢰는 지방인 경우 드물지만, 관공서 또는 기업에서는 가끔 연락이 온다. 광주의 모 구청 여성합창단의 피아노 조율 때문에 광주로 출장을 가는 날 아침, 특가로 나온 항공권을 검색하다가 우연히 발견했다. 횡재로다. 들뜬 마음에 공항에 일찍 도착했다. 시간이 넉넉해 공항 커피숍에서 커피 한 잔 마신 뒤 가방을 들고 검색대를 통과하는데, 문제가 생겼다. 휴대했던 가죽 가방 안에 조율에 필요한 각종 공구와 접착제, 목재 피아노 부품 등이 걸렸다. 짐을 부쳤어야 했는데, 아무 생각 없이 기내 반입하려고 한 꼴이 된 것이다. 횡재한 기분이 다 날아가도록 당황했지만, 가방을 화물로 부치고 간신히 탑승했다. 국내선 항공기는 오랜만에 타는지라 미처 생각 못 하고 웃지 못할 이야깃거리를 하나 만든 셈이다.

광주 공항에 도착해 목적지인 구청으로 갔고, 담당자와 미팅 후
지하 소강당으로 안내를 받았다. 검은색 그랜드 피아노가 무대 위에
놓여있었다. 1시간 동안 작업하고, 문화체육과에 서류를 제출하니
벌써 점심시간. 아침도 안 먹은 데다가 아까 공항 일도 있어서 그런지
몹시 시장했다. 서둘러 금남로로 출발. 50여 년 업력의 화상 중식당
제일반점. 광주 사람은 누구나 다 아는 중국집이다. 이 집 짜장면이 궁금해
주문하려고 하니 일반 짜장면과 제일(옛날)짜장면 두 가지가 있다.
가격은 3천 원 차이. 어떻게 다른지 종업원한테 물으니 제일짜장면에는
국내산 암퇘지 목살이 들어간다는 것. 망설임 없이 9천 원짜리
제일짜장면으로 주문했다. 물 한 잔 마시며 기다리고 있으니 특이하게도
납품받는 절인 고추를 단무지, 김치와 함께 내어준다. 모든 업무를 마쳤으니
반주 할 겸 소주 한 병 부탁드렸더니, 예상대로 안주용으로 짜장 소스를
작은 접시에 내어준다. 서울이나 인천의 중국집에서도 똑같이 해준다면
중식당에서 반주를 즐기는 나로서는 환영할 일이다.

안주용 짜장이 꽤 담백해서 곧 나올 옛날짜장면을 기대하며 소주 한 잔
마셨다. 잠시 후 등장한 제일짜장면. 면과 소스가 별도의 용기에 따로
나왔는데, 갓 볶은 짜장 소스 그릇과 면을 담은 그릇이 같은 크기.
소스 양이 무척 많아 보인다. 국자로 면 위에 적당량의 소스를 옮겼고,
잘 섞이게 비빈 후, 짜장 소스 한 국자를 다시 면 위에 올렸다. 그러고는
섞지 않고, 그대로 한 젓가락 크게 떠서 입안 가득 채웠다. 미리 들은 대로
돼지고기가 무척 많았는데, 유니짜장처럼 고기를 다진 것이 아니라
콩알만 한 크기로 일일이 칼로 썰어 넣은 독특한 짜장면이다. 그런데,
맛보다 보니 작은 깍두기 모양의 고구마를 발견했으며 그 수가 적지
않았다. 전라도 지역 중국집에서 간혹 감자 대신 고구마를 사용하는
경우가 있다. 군산 수송반점 짜장면도 그렇다. 지리적으로 고구마를
많이 재배하는 지역이기도 하지만, 고구마를 춘장과 함께 볶으면 전분이
흘러나와 면이 쉽게 붙지 않는다. 게다가 자연스러운 단맛도 나고,
여러모로 좋은 짜장면 재료다. 면발은 적당히 탄력이 유지되면서도

제일반점

부드러움이 함께 느껴졌고, 반주를 즐기며 천천히 식사하는데, 예측대로 면이 쉽게 붇지 않는다. 짜장면 한 그릇 다 먹고 나도 소스가 많이 남네. 하루쯤 굶었다면 밥 한 공기 청해 남은 소스에 비벼 먹으면 맛있을 텐데. 후식으로 내어준 요구르트까지 마시고, 제일반점을 나섰다. 갑자기 드는 생각이, 전국 어딜 가도 갈 음식점이 있다는 점이 '중식 덕후'에게는 축복인 것 같다.

광주광역시 금남로5가

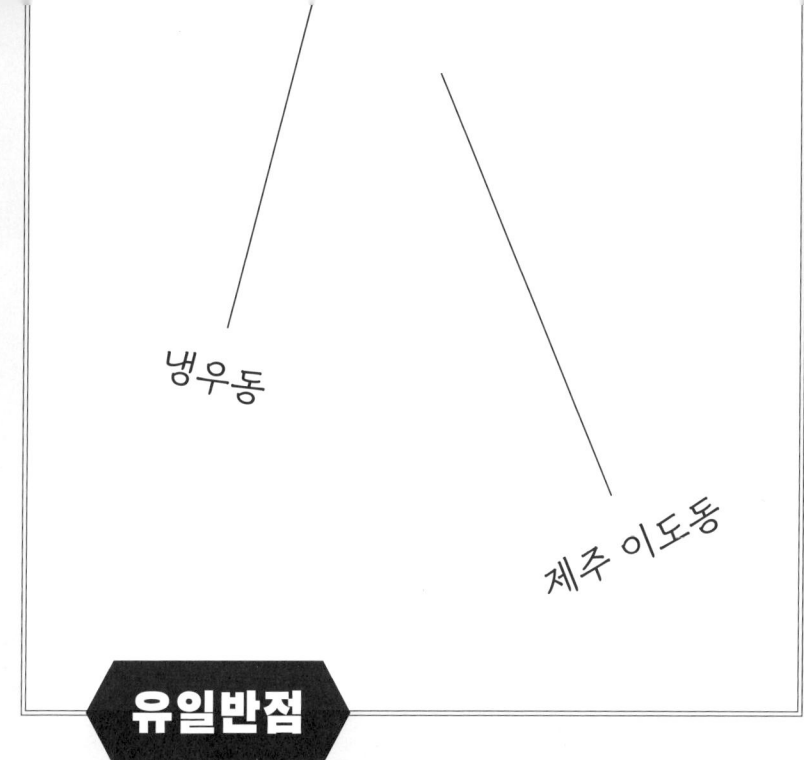

냉우동

제주 이도동

유일반점

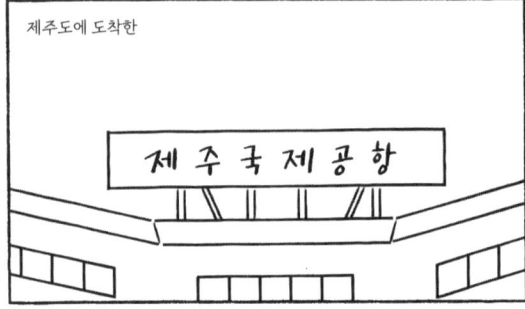

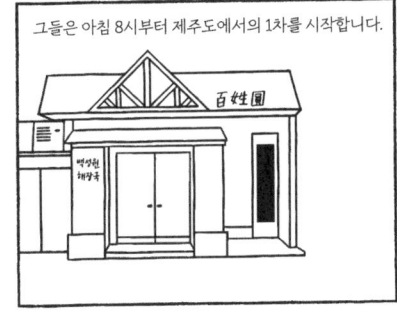

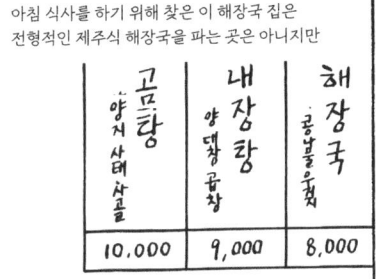

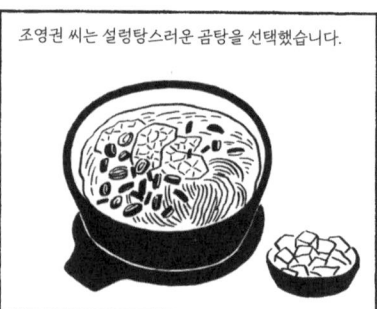
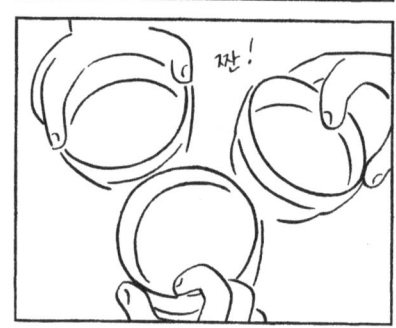

제주 이도동

셋이서 국밥 한 그릇, 막걸리 한 병씩으로 아침 식사를 간단히 끝낸 그들은 다음 여정을 위해 사계리행 버스에 오릅니다.

새벽 일찍 움직인 탓인지 기분 좋은 피곤함에 눈을 잠깐 붙이고 나니...

유일반점

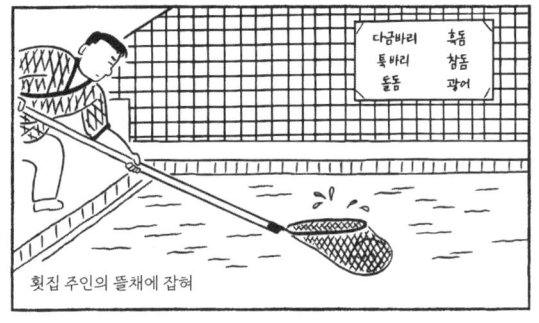

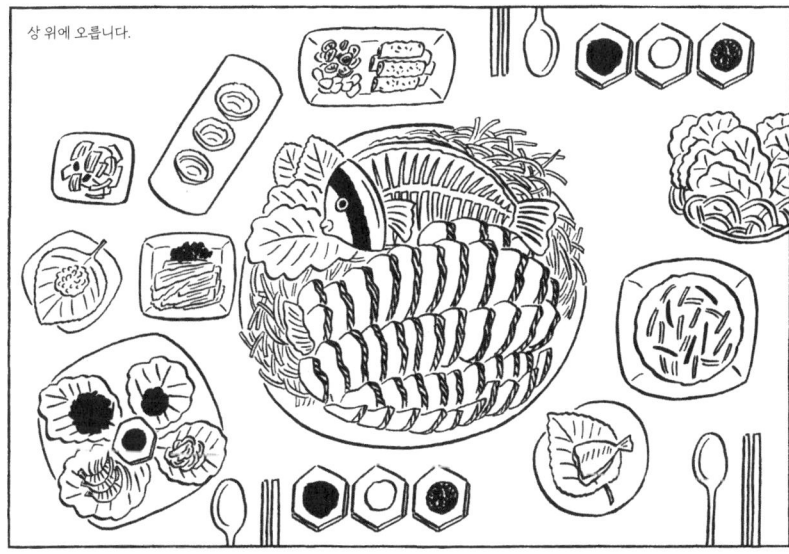

제주 이도동

제주 이도동

유일반점

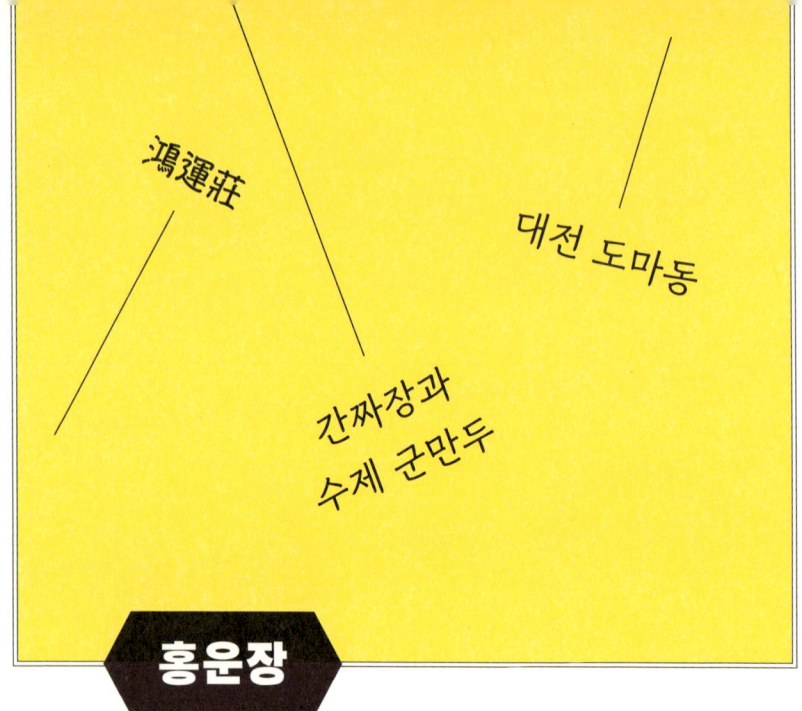

인천 부개동의 어느 교회와 우연히 연이 닿아 5년째 전속 조율사 노릇을 하고 있는데, 내가 판매한 피아노 1대를 포함해 무려 8대의 피아노를 관리한다. 조율사는 교회의 성가대 지휘자 또는 반주자, 관리 집사와 자주 소통하기 마련. 이 교회의 반주자 선생님과는 각별하게 지내왔다. 반주자는 피아노를 전공한 분들이라 피아노에 문제가 생겼을 때, 예민하게 알아채고 가장 먼저 연락을 주니 아무래도 소통하는 일이 잦다. 이 교회의 관리 집사님은 교회의 모든 일을 직접 맡아 하시기에 방문했을 때 늘 뵙는 매우 인자한 분이다. 어느 날, 반주자 선생님에게 전화가 왔고, 자택인 계산동에서 대전으로 피아노를 옮겨달라는 부탁을 받았다. 결혼해서 대전에서 거주하게 되었다고 한다. 앞으로 뵙기 어려워졌지만, 축하해드렸다.

자, 대전으로 출발. 운전을 좋아하지 않으니 고속열차와 지하철을 타고 갔다. 반주자 선생님이 어릴 적부터 쓰고, 지금도 애지중지하는 업라이트 피아노라서 나도 정성껏 작업했다. 늘 악기를 다루는 사람에게 오랜 세월 함께한 악기는 뭐랄까, 가족이나 반려동물처럼 소중한 존재다. 물건이니 생명이 있는 것과는 물론 차이가 크겠지만, 비슷한 느낌이 있다는 말. 작업을 마치니 작업비를 봉투에 넣어 주시는데, 결혼식도 참석 못 한 미안함에 뿌리치고, 도망치듯 나섰다.

대전에는 국숫집이 많지만, 나는 언제나 그렇듯이 중국집으로 간다. 중앙로 역에서 613번 버스를 타고 30분쯤 갔는데, 목적지인 배재시장이라는 안내 방송을 듣고 서둘러 내렸다. 내가 오늘 가는 중식당은 홍운장. 화교 부부가 운영하는 집이며 대대로 요리사 집안이다. 지금의 자리에서는 30년째 영업 중이다. 오늘 내가 맛볼 음식은 간짜장과 군만두인데, 특히 이 집 수제 군만두가 맛있다는 이야기를 들은 바 있다. 하지만, 군만두는 간짜장을 거들 뿐, 나는 오늘 간짜장이 먹고 싶다. 매번 중식을 먹는데도, 어떤 날 어떤 음식은 피할 수 없는 운명처럼 강하게 사람을 끌어당긴다. 누가 주문이라도 거는 걸까. 주인아주머니께 두 가지 음식을 주문하니 단무지, 양파를 비롯해 깍두기를 반찬으로 내어준다. 주방에서 채소 써는 소리가 한참 들리고, 10여 분쯤 지나 간짜장이 먼저 나왔다. 부드러운 중화면 위로 오이채가 올라가 있고, 바로 볶아 내온 짜장 소스의 고소한 냄새가 코끝을 스친다. 간짜장을 조리하는 방법은 대략 세 가지로 식당마다 다른데, 첫째는 일반 짜장면 소스와 간짜장 소스를 각각 미리 만들어놓았다가 주문이 들어오면 데워서 내주는 방식. 둘째는 주문이 들어오면 채소와 고기를 손질해 만들어놓은 일반 짜장 소스에 넣어 다시 볶아 내주는 방식, 세 번째는 드물기는 하지만, 주문 후 재료를 손질해 춘장과 함께 즉석에서 볶는 방식이 있다. 첫 번째는 미리 만들어놓으니 채소가 무르고 맛이 덜해 간짜장이라 부르기 어렵다. 홍운장의 경우 두 번째 방식이지만, 물기가 생기는 것 말고는 세 번째 방식과 맛에서 큰 차이가 없는 듯하다.

홍운장

언제나 그렇듯이 면 위로 소스를 절반 정도 부어 비비고 간을 본 후 나머지 소스를 올려 먹는다. 식소다가 소량 들어갔지만, 비교적 부드러운 면발이라서 좋다. 허겁지겁 짜장면을 마시듯이 맛보니 최근에 맛본 것 중 으뜸. 가끔 이렇게 원하던 음식을 마침내 먹으면 이가 아릿한 것 같은 느낌을 받을 때가 있는데, 나만 그런지 모르겠다. 채 썰어 넣은 오이의 신선한 향기와 식감은 기름진 짜장면의 느끼함을 잡아주기에 충분하고, 간짜장에 사용한 야채는 무려 4가지. 양파와 양배추, 주키니, 배추를 넣어 볶았으며 아삭한 식감이 매우 좋다. 아, 이 간짜장, 대전에 오면 매번 꼭 먹어야겠다. 이어서 등장한 수제 군만두. 대부분 중국집의 수제 만두는 만두피는 시제품을 쓰고, 소만 만들어 빚지만, 홍운장의 군만두는 밀가루 반죽을 해서 피까지 직접 만든, 정성이 많이 들어간 만두다. 골목길 외진 중국집에서 매우 맛있는 짜장면과 군만두를 맛보는 순간이다.

순박해 보이는 군만두가 입에 잘 맞았지만, 크기가 상당해 결국 절반 이상 남겼고, 남은 것을 포장해달라고 부탁드렸다. 사장님께서 꼼꼼히 싸주신 만두를 들고 식당을 나선다. 맛있는 음식을 먹고 나니 기분이 좋아지고, 35도의 폭염이 남 일 같은 시원한 버스 안에서 홍운장을 다시 찾겠다는 다짐을 해본다.

홍운장

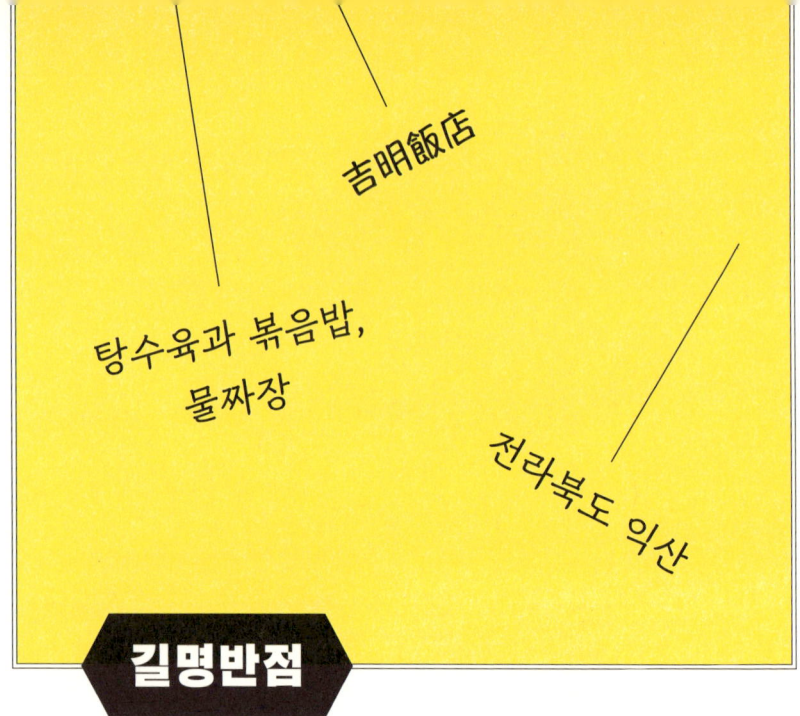

吉明飯店

탕수육과 볶음밥,
물짜장

전라북도 익산

길명반점

8월 초 한여름 무더위는 아침부터 시작되었지만, 날씨가 흐린 탓인지 그나마 따가운 햇볕은 구름 뒤에 가리워진 듯하다. '가리워진'이라는 말은 요즘 잘 안 쓰고, 어법에도 어긋난 것 같지만, 그래도 나는 가끔 쓴다. 유재하의 '가리워진 길'을 좋아한다. 어릴 때 그 노래를 참 많이 들었다. '가리워진'이라는 말이 내게는 어떤 기억들을 품은 채, '가리워져' 있는 느낌이랄까.

모처럼 아이들과 역사 기행을 빙자한 먹거리 여행을 위해 익산으로 향했다. 아내는 여름 휴가를 가냐며 은근히 설레는 듯, 두 딸을 챙기며 고속도로를 달리는 차 안 뒷자리에서 혼자 흥이 나 있다. 익산에서 가장 먼저 간 곳은

나바위성당. 김대건 신부의 서품과 귀국을 기념하여 1906년에 지은
성당이고, 우리나라에서 최초로 한옥의 방식과 서양 건축양식을 함께
사용한 성당이다. 서양 문화가 들어오던 시기를 조금이나마 이해하기를
바라는 마음에서 들렀지만, 역시 딸들은 크게 관심이 없는 듯하다.
화산 능선 자락에 넓은 바위가 있다 하여 나바위성당이라 부르며 정면에서
바라보면 고딕 양식의 건축물임을 알 수 있고, 옆으로 돌아가면 한옥
형태의 지붕과 기둥이 나타나는 독특한 건물이다. 종교와 상관없이
경건한 마음이 들었으며 몸가짐을 바르게 하고 잠시 앉았다가 뒤편의
언덕에 올라 망금정에서 쉬어보았다.

황등 쪽에서 육회비빔밥을 먹은 뒤 미륵사지를 찾았다. 사실 나는
빨리 중국집으로 가고 싶었지만, 아이들 방학 숙제에 박물관 관람 또는
역사 유적지 기행문 작성하기가 있어서 양심상 미륵사지는 들르기로 했다.
당시 수준 높은 건축 양식과 복원 중인 국보 11호 미륵사지석탑을
보는 순간 가슴이 뭉클해짐을 느꼈다. 역시 딸들은 별 관심 없는 듯하다.

시내로 들어와 예약해놓은 호텔에 짐을 풀었고, 가랑비가 내리기
시작했지만, 저녁 식사를 하려고 이리초등학교 부근으로 갔는데,
마음속으로 미리 정해놓았던 중국집, 길명반점이다. 전북 지역에서만
맛볼 수 있는 물짜장을 아이들은 처음으로 맛보는 시간, 저녁 식사인 만큼
소주도 한잔할 요량으로 탕수육과 볶음밥을 주문했다. 가족으로 보이는
분들이 중국어로 소통하는 것으로 미루어 화상 중식당임을 알 수 있었고,
사장님과 몇 마디 이야기를 나누어보았다. 산동 지역에서 이주해온
할아버지는 육로를 통해 평양을 지나 익산에 터전을 잡은 후 길명반점을
시작하셨고, 지금의 사장님이 3대째, 60년이 넘는 업력을 자랑하는
중국집이며 노모는 계산대를 지키고 계셨는데, 인자함이 느껴졌다.
우리나라 화교 1세대는 산둥성 사람이 많았다. 이 지역은 중국공산당
영토이고, 당시 산둥성 사람 대부분은 공산당에 반대하고,
자유중국(대만)을 지지했다. 그래서 그들은 대만, 일본, 우리나라 등으로

길명반점

떠나 살았다. 이주 초기에 재산의 소유와 직업의 제한이 있었던 화교들은 중식당을 할 수밖에 없었다. 또한, 우리나라로 온 화교들은 대체로 대만 국적을 취득해 살았는데, 갑작스럽게 우리나라가 대만과 단교하고, 1992년 중국과 수교를 맺으면서 서울 명동의 중국대사관 근처에 운집해 중국집을 운영하던 화교들이 지금의 연희동과 연남동 등지로 옮겨가게 되었다. 이런 이야기를 해줘도 역시 딸들은 별 관심 없는 듯하다.

양이 많아 보이는 탕수육이 먼저 나왔다. 가격은 비교적 높지만, 계약한 농장에서 공급받는 진안 흑돼지만을 쓰는 고급스러운 탕수육이다. 굳이 소스 없이 먹어도 좋은 고기튀김이라 한참을 튀김만 집어먹었다. 소스 역시 케첩이나 통조림 과일을 사용하지 않고, 배추를 넣어 감칠맛이 돋보였다. 아이들은 소스를 찍어 먹다가 나중에 적당히 부어서 먹었는데, 오랫동안 바삭함이 유지되었다. 식사 메뉴로 나온 볶음밥은 흔히 전북 지역에서 볼 수 있는 형태로, 달걀을 풀어 마치 오므라이스처럼 볶음밥을 거의 덮어 나왔으며 함께 나온 달걀국이 시원하고 맛좋아 한 그릇 더 부탁드렸는데, 흔쾌히 만들어주셨다. 짜장 소스도 나왔지만, 딱 한 숟가락만 밥에 곁들여 맛만 보았다. 고소한 볶음밥을 달걀과 함께 먹는 게 더 맛있었다. 잘게 썬 돼지고기와 야채를 넣어 센 불로 밥과 함께 볶았으니 날아다니듯 탱글탱글한 밥알들이 기분 좋게 입안에서 돌아다니며 소주잔 들어 올리는 횟수를 빠르게 했다.

드디어 물짜장이 나왔다. 새우와 오징어 등 각종 해산물과 야채를 굴 소스와 감자 전분을 써서 만든 소스와 오이채를 올린 면이 별도로 나왔는데, 두 그릇으로 나누어 먹을 만큼 양이 넉넉했다. 지금은 서울에서도 볼 수 있는 음식이 되었지만, 전주에서 처음으로 시작되었다 하니 아직은 전북 지역 말고는 흔히 볼 수 없는 물짜장. 질퍽해서 아이들이 싫어할 줄 알았더니 웬걸, 아주 맛있게 먹었다. 다음 날 작은딸이 군산에서 다시 주문해 맛볼 정도로.

식사를 마치고 나오니 여전히 이슬비가 내렸지만, 소화를 시키며 익산 역 쪽으로 걸었고, 오징어 입과 시원한 생맥주 한잔으로 마무리. 호텔로 돌아와 아내에게 "나 요리 배워서 중국집 할까?" 했다가 핀잔만 잔뜩 들었다.

오래도록 바삭한 김명반점 탕수육. 소스 없이 고기튀김만 집어먹어도 맛있다.

맑은 빛깔의 탕수육 소스.

길명반점

울짜장 소스와 면.

전라북도 익산

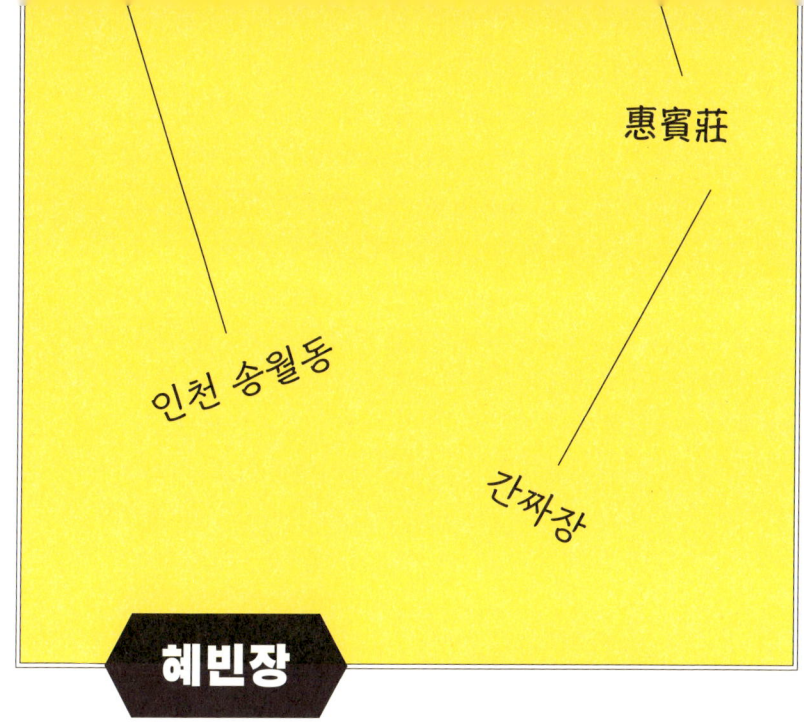

따가운 햇빛이 장미 넝쿨 담쟁이를 비추는 여름날, 의뢰받은 동인천의 피아노 학원에 갔다. 대략 15대의 업라이트 피아노가 있었고, 사용하는 사람이 많다 보니 관리 상태가 심각해 보였다. 전부 조율하기에는 많은 시간이 필요해 다시 일정을 잡고, 작동되지 않는 몇 대만 먼저 수리하기로 했다. 건반이 부러진 피아노를 대하니 난감하지만, 침착하게 목공용 접착제를 바르고, 부러진 부분 양옆으로 두꺼운 종이를 덧대어주었다. 접착제가 마르니 잘 작동되었는데, 사실 올바른 수리 방법은 아니다. 제조 공장에 부러진 부분의 양쪽 옆 건반까지 가져가서 새로 만들어야 하지만, 대부분 학원에서 그만큼의 비용을 감당하는 경우가 드물어 스스로 터득해낸 방법이다.

사용량이 많은 학원이기에 현이 끊어진 것들도 있어서 준비해간 현으로 교체해주었고, 현을 바꾸려면 액션을 탈착 후 끊어진 현을 제거하고, 튜닝 핀과 브리지 핀에 새로운 현을 걸어줘야 하는데, 숙련된 기술이 필요한 과정이다. 특히 작업 후 쉽게 음이 떨어지는 현상이 발생하는데, 그것을 방지하기 위해 원래 음높이에서 위아래로 반복해 오가며 조율하는 나만의 노하우가 필요했다. 오전에 방문해 아이들이 내원하는 오후 2시경까지 거의 쉬지 않고 작업했으며 점심 식사를 제공해 주시겠다는 원장님의 호의를 마다할 수밖에 없을 정도로 바빴다. 간신히 커피 한 잔 마시고 나니 초등학생이 하나둘 학원으로 들어온다. 다행이다. 작은 체구 어디에서 뿜어져 나오는 에너지인지 알 수 없지만, 생기 넘치는 초등학생들 사이에서 집중해 조율을 해내기는 베테랑 조율사에게도 어려운 일이다. 서둘러 공구 가방을 챙겨 나오니 벌써 점심시간. 아! 배고프다.

인천 송월동

화교가 운영하는 중국집이 유난히 많은 인천, 오늘은 차이나타운 쪽으로 차를 몰아갔다. 주차하기 모호한 곳들을 지나칠 때, 범상치 않아 보이는 중국집이 있어 검색해보니 인터넷에 소개된 적이 없다. 몇 해 전 대충 끄적여놓은 블로그 글이 하나 보이지만, 정보가 거의 없기에 모험을 해보기로 하고 들어가려는데, 이 동네 분위기가 묘하네. 낡은 건물이 즐비하고, 행인 하나 보이지 않는다. 밥맛이 좋을 거 같은 예감.
혜빈장惠賓莊. 화교가 아니고서야 이런 상호를 쓰지 않을 것 같아서 왠지 느낌이 좋다. 가게에 들어서니 60대 부부가 운영하시는 집이었으며 단정한 머리 모양의 동네 아저씨 같은 사장님이 요리를, 안경을 끼고 점잖아 보이는 사모님이 서빙을 하시는데, 두 분의 대화가 중국어. 반쯤 안심이다. 시원한 보리차 한 잔 받으면서 간짜장을 주문했고, 화교인지 여쭈니 사장님은 인천에서 태어났지만, 아버님의 고향이 산둥성이라는 말씀과 함께 대를 이어 2대째 운영 중이시라고. 무려 60년이 넘었다는 말씀에 주문한 간짜장이 무척 기대되었다. 주방에서 현란하게 들리는 야채 써는 소리와 남자 사장님의 규칙적인 웍 소리가 반가워 허기가 더욱 심해져 보리차 한 컵을 다 벌컥 마셔버렸다.

잠시 기다려 받은 간짜장은 면과 바로 볶은 짜장 소스가 별도로 나왔고, 예상대로 면발 위로 튀긴듯한 반숙 달걀프라이를 올렸으며, 양파와 주키니가 들어간 짜장 소스에서 약간 매운 냄새가 느껴졌다. 아! 고추 들어간 간짜장! 좋지! 요즘에는 매운맛을 좋아하는 우리나라 사람 취향에 맞게 짜장에 고추를 넣는 집도 종종 있지만, 기분 좋게 매운맛을 내는 집을 찾기는 어렵다. 인공 조미료와 너무 센 양념 속의 고추는 괴로울 뿐. 하지만, 매운 짜장이란 것도 점점 발전해가겠지. 소스를 절반만 붓고 잘 비벼서 맛을 보는데, 최근에 먹은 간짜장 중에 취향에 매우 가까운 맛. 고추가 스스로 단맛을 내며 동시에 느끼함을 잡아주는 훌륭한 짜장면이다. 두어 젓가락 맛보고 짜장 소스를 좀 더 넣어 비빈 후, 다시 맛을 음미하니 고소한 맛과 단맛, 짠맛, 매운맛의 어우러짐이 자연스럽고 기름지지 않아 굳이 밥을 비벼 먹고 싶다는 생각이 들지 않았다. '밥을 비벼 먹고 싶다'는 건 그만큼 자극 있고, 맛이 진할 때 느끼는 충동. 깔끔한 맛에서는 그런 마음이 그다지 안 든다.

다만 아쉬운 점이 있다면 혜빈장은 사장님 대에서 더 이상 가업으로 내려가지 않을 듯하다. 서울에 거주한다는 자손들은 다른 업종에 종사하고, 사장님 내외는 주말에 휴업하고 손주들 보러 가신다고 한다. 조금 남은 짜장면에 고춧가루를 더해 맛보며 왠지 허탈해진다. 내 입에는 인천 최고의 짜장면이라 할 수 있을 정도인데. 잘 먹었다는 인사를 드리고, 식당을 나왔다. 더 자주 가야지.

인천 송월동

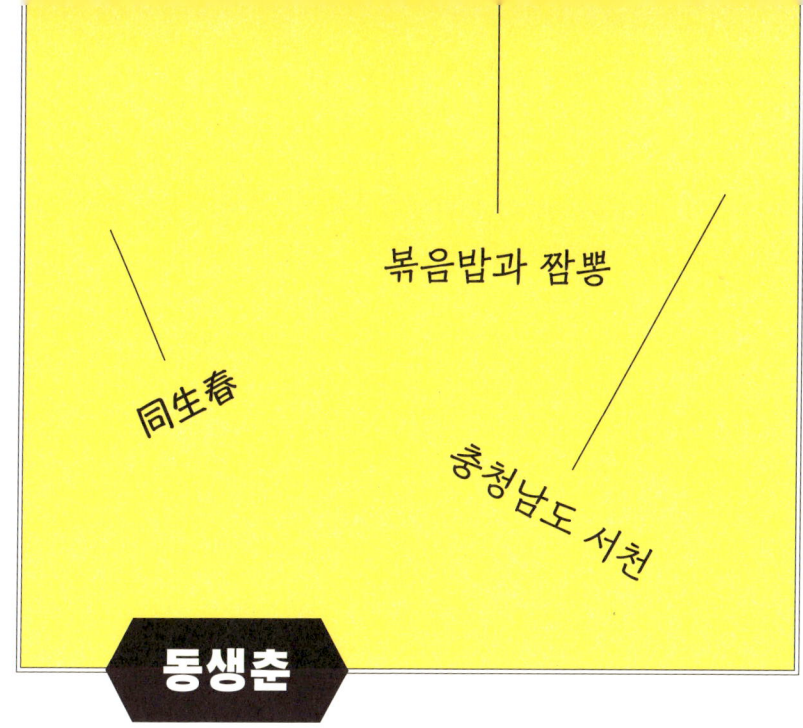

우리 가족은 10년 동안 어느 리조트의 회원이다. 여행 시 자주 숙박하는 곳인데, 전국에 체인이 많아 가족 여행을 할 때 많은 도움이 된다. 그렇게 리조트를 이용하다가 인연이 되어 대천해수욕장 지점의 결혼식장에 조율을 가고는 하는데, 오랜만에 연락을 받고, 대천으로 출발했다. 인천에서 고속도로를 달려 2시간. 도착해보니 힌여름 폭염에 해수욕을 즐기러 온 관광객이 참 많다. 프런트에 방문 목적을 밝히고, 사무실로 향했다. 오랜만에 만나는 그랜드 피아노는 여전히 제 위치를 지키고 있었다. 정든 사람을 한참 만에 보는 것보다야 덜 하겠지만, 낯익은, 기억 속의 피아노를 다시 만나면 이 또한 반갑다. 악기와 정이 들기도 하니까.

높은 습도 때문에 건반의 움직임이 둔하고, 해머의 움직임이 자연스럽지 않았다. 바닷가의 피아노는 이런 문제가 잦다. 액션을 탈착해 살펴보아야 하는데, 주의할 점이 많아 조심해야 한다. 일단, 무게가 상당하니 액션을 들다가 실수로 건반을 누르면 해머 섕크가 부러져 버린다. 건반 보조목을 풀고, 조심스럽게 액션을 바닥에 놓고 보니 플랜지의 센터 핀을 감싸는 클로즈 부분이 습기로 꽉 조여진 상황이라서 난감하다. 클로즈 구멍을 넓히는 방법은 알코올이나 열풍기를 이용해야 하는데, 바닷가인 점을 고려해 두 가지 방법을 병행하기로 한다. 우선 드라이버로 플랜지 나사를 풀고, 센터 핀 양 끝 천 부분에 알코올을 면봉으로 바른다. 그런 뒤 열풍기로 말리는 작업까지 하고 나니 작동이 잘 된다. 자, 이제 조율. 롱 웨이지를 현 사이에 꽂고, 가운데 부분부터 천천히 평균율로 시작했다. 가끔 이렇게 귀를 기울이고 있으면 바람 소리가 들릴 때가 있다. 이곳에서는 바다 내음이 함께 나고, 지금 오감이 살아난다. 아마도 입안의 감각도 그렇게 되고 있겠지.

2시간 동안 작업을 마치고, 2층 라운지 커피숍에서 차 한 잔 마시며 바라보는 해변은 물놀이 하는 사람들로 가득했다. 저 무리에 들어가 같이 놀지 않아도 좋은 기분. 이 풍경이 휴가 같다. 집에 있을 가족 생각도 나고. 아, 꼬르륵 소리. 허기짐이 찾아 왔지만, 피서객으로 붐비는 곳에서 먹을 만한 음식이 있을지. 관광지에서 맛없는 음식을 비싸게 먹으면 모처럼 편안해진 마음이 모두 허사. 와이셔츠 주머니에서 수첩을 꺼내 들여다본다. 차로 1시간쯤 거리, 궁금한 중국집으로 출발.

충청남도 서천

충청남도 서천

충청남도 서천

지도

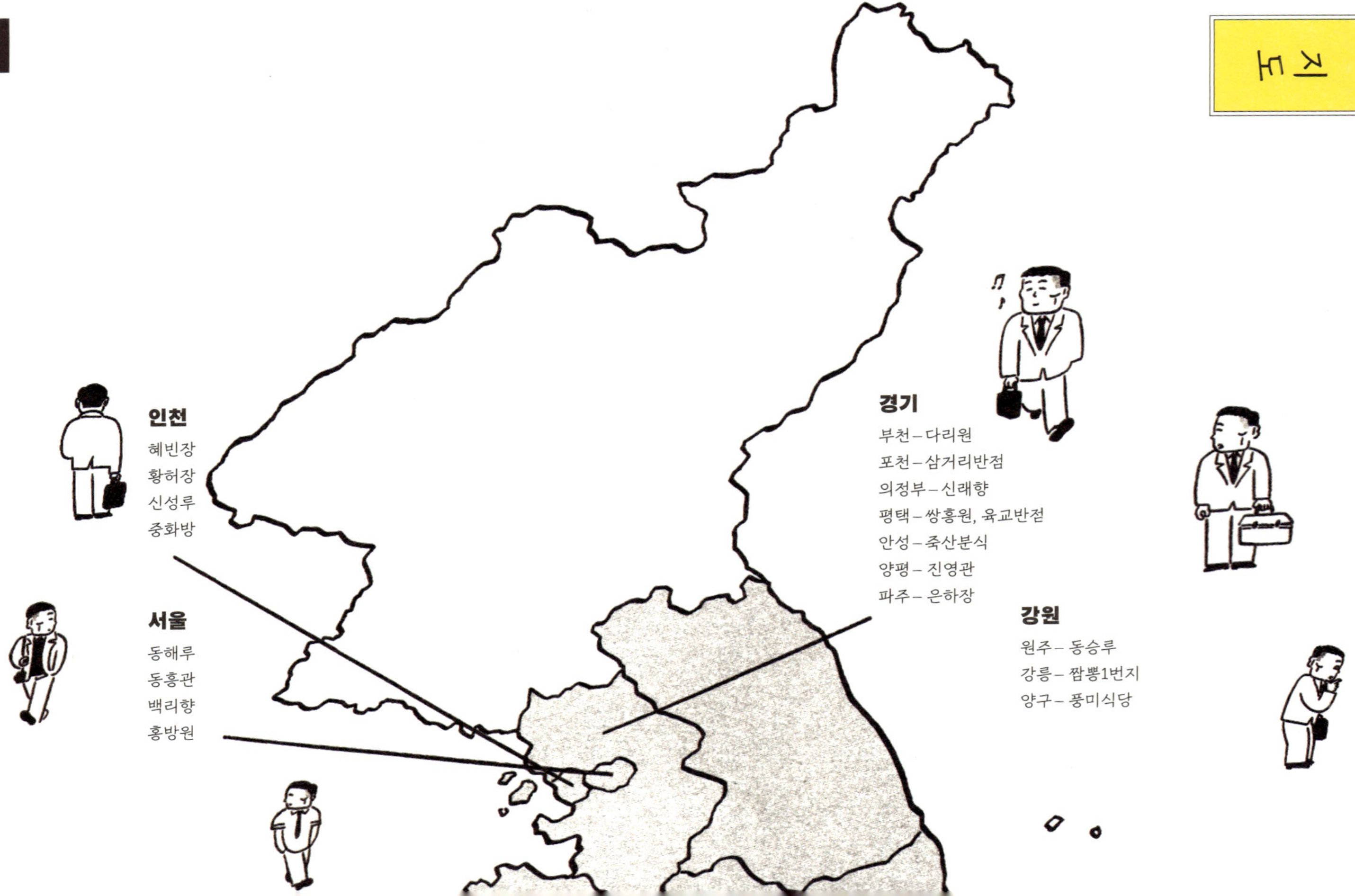

경기
부천 – 다리원
포천 – 삼거리반점
의정부 – 신래향
평택 – 쌍용길, 육교반점
안성 – 죽산분식
양평 – 진영관
파주 – 은하장

강원
원주 – 둥승루
강릉 – 황뽕1번지
양구 – 풍미식당

인천
예반장
황하장
신성루
중화방

서울
동해루
동홍관
배리향
홍양원

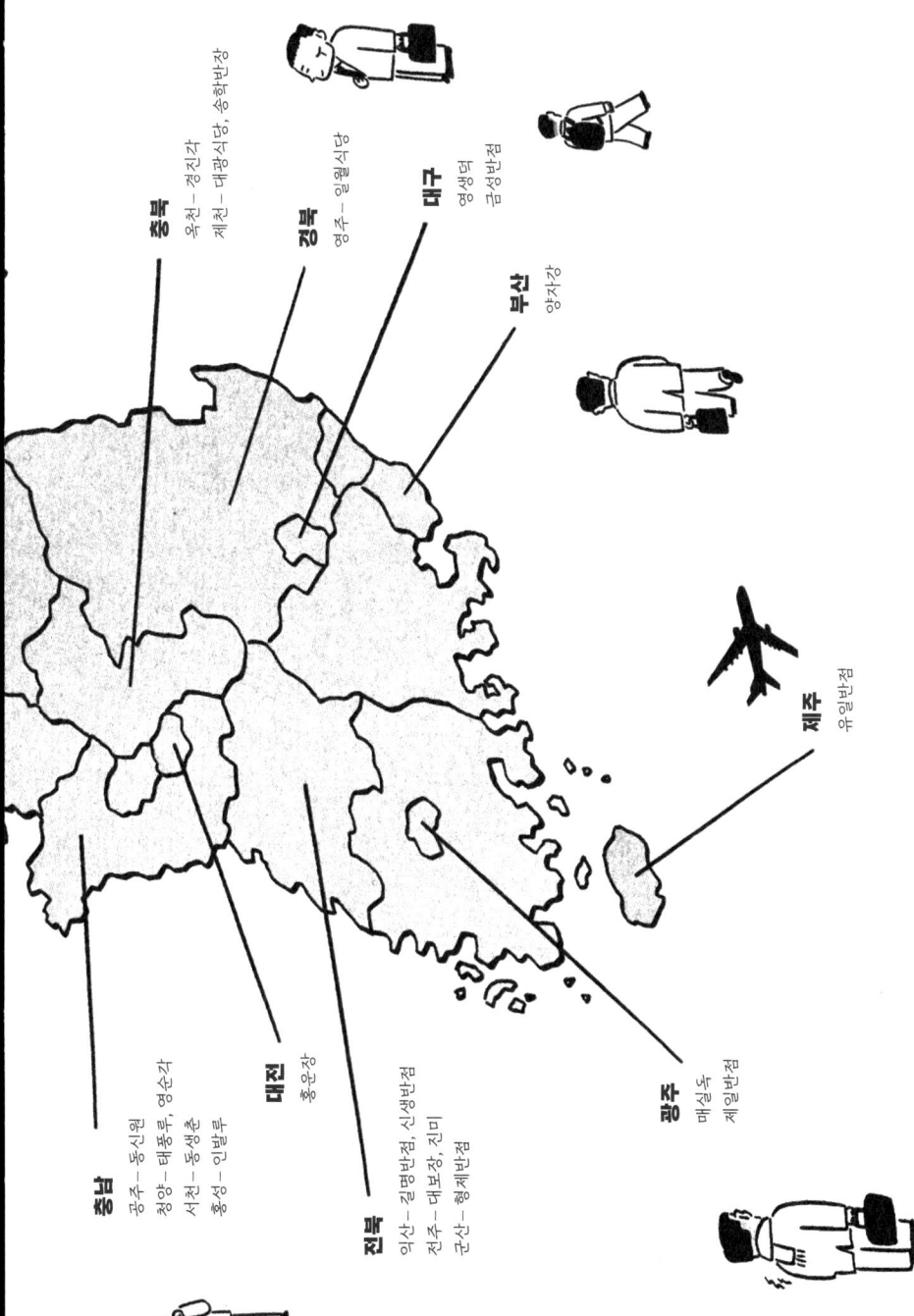

진미
전라북도 전주시 완산구 전라감영3길 12-3

짬뽕1번지
강원 강릉시 송정길 2번길 13

동해루
서울 성동구 왕십리로 19길 8-1

동신원
충남 공주시 이인면 은행안길 19-4

육교반점
경기 평택시 통복고가로 22

진영관
경기 양평군 양평읍 양근강변길 78번길 6

삼거리반점
경기 포천시 내촌면 내촌로 63

백리향
서울 성동구 상원6길 10-1

중화방
인천 중구 신포로27번길 43

대보장
전북 전주시 완산구 전라감영 4길 3

양자강
부산 금정구 금단로 191

쌍흥원
경기 평택시 이충로 100번길 45

인발루
충남 홍성군 결성면 홍남서로 732-1

송학반장
충북 제천시 의병대로 12길 7

태풍루
충남 청양군 청양읍 중앙로 137

영순각
충남 청양군 청양읍 칠갑산로 265-1

신성루
인천 중구 우현로 19-14

다리원
경기 부천시 중동로 443번길 10

매실옥
광주 동구 백서로 125번길 24

황허장
인천 동구 송림동 100-24

일월식당
경북 영주시 부석면 소천리 499-2

죽산분식
경기 안성시 죽산면 죽주로 256

동승루
강원 원주시 이화4길 30

은하장
경기 파주시 문산읍 문향로 78

경진각
충북 옥천군 옥천읍 중앙로4길 11

형제반점
전북 군산시 축동안길 69

신래향
경기 의정부시 호국로 1298번길 74

대광식당
충북 제천시 의병대로 46

홍방원
서울 도봉구 도봉로 169나길 47

신생반점
전라북도 익산시 중앙동 2가 41

영생덕
대구 중구 종로 39

금성반점
대구 남구 이천로 12길 14-1

동흥관
서울 금천구 시흥대로63길 20

풍미식당
강원 양구군 동면 펀치볼로 58-1

제일반점
광주 동구 구성로 174

유일반점
제주 제주시 광양7길 13

홍운장
대전 서구 사마6길 35

길명반점
전북 익산시 중앙로 9길 29-1

혜빈장
인천 중구 참외전로 13번길 21

동생춘
충남 서천군 판교면 종판로 893

중국집
- 피아노 조율사의 중식 노포 탐방기

(주)퓨처미디어 출판 브랜드
CABOOKS

지은이. 조영권
만화. 이윤희

cabooks.co.kr
instagram@ca.books
facebook.com/LikeCA

펴낸날. 2018년 10월 10일 초판 1쇄
2022년 9월 5일 2판 3쇄

E-mail. cabooks@cabooks.co.kr
Tel. 02.852.5412
Fax. 02.852.5417

기획 및 편집
디자인. 둘셋
도서관리. 박영희
펴낸이. 김병인

ⓒ 2018. 조영권
이 책의 저작권은 조영권에게 있습니다.
이 책의 만화 저작권은 이윤희에게 있습니다.
저작권법에 따라 무단 전재 및 복제를 금합니다.
잘못된 책은 사신 곳에서 바꿔드립니다.

ISBN. 978-89-97225-48-4
값 17,000원